フローチャートだけでチェックする！

相続税と贈与税 の実務手順

税理士法人 レガシィ 編

税務研究会出版局

はしがき

フローチャートのみの書籍を執筆してという依頼を受けました。

「相続税の申告全体がどうなっているか？がわかるもの」

「相続税の申告をする人にとって仕事の進め方がわかるもの」

「さすが日本一申告をしている税理士法人レガシィだね。と言われるもの」を。

お引き受けしてから、調べてみますと意外な事実が。「フローチャートのみの書籍は違う税目でも他の分野でも、今現在、存在しない！」ということがわかりました。

業界初‼へ。壮大な挑戦が始まりました。

全体もわかり、細部もわかる。

実務書に書いてないことをどう織り込むか？

わかりやすくするのにはどうしたら良いか？

関連項目のリファレンスはどうするか？

何度も何度も作り直し、「制作方針骨格」と「モデルシート」を作りました。モデルシートは2つです。

「業務フローチャート」と

「判定フローチャート」です。

「業務フローチャート」は

業務の進め方がわかるもの。

さらにチェックする人に網羅性を保証するもの。

「判定フローチャート」は

適用できるかどうかの税務判断が出来るもの。

イエス・ノーで経験豊富な税理士のノウハウがわかるもの。

私達実務家に研究課題をいただけた、編集の方に心よりの感謝です。

紆余曲折の結果、執筆陣の苦労の末、ここに相続税申告書の品質と生産性を上げるための書籍がついに完成しました。

これから相続税の申告を手掛ける税理士の方が、

「事前準備を万全に行うために」

「申告の手順や方向性を誤らないために」

「納税者の選択肢を網羅的に把握するために」
「依頼者から、真のプロとして信頼されるために」
本書をご利用頂けると、嬉しいです。

平成25年7月吉日

著者を代表して

税理士法人レガシィ　代表社員税理士・公認会計士　天野　隆

目　次

A　相続の開始から相続人・相続分の確定

A111	相続手続〜発生後4ヶ月〜	2
A211	遺言書の有無の確認	3
A212	遺言内容の実現（遺言執行）	4
A213	自筆証書遺言の法的効果の判定	5
A311	所得税の準確定申告（要不要判定）	6
A312	準確定申告書の作成	7
A313	医療費控除の適用の確認	8
A314	準確定申告による還付金・納付税額の取扱い	9
A411	被相続人が事業を行っていた場合の税務手続	10
A421	被相続人の事業を承継した相続人の税務手続が必要かどうか	11
A422	相続人の開業の届出　〜所得税〜	12
A423	相続人の開業の届出　〜消費税①〜	13
A424	相続人の開業の届出　〜消費税②〜	14
A425	相続人の開業の届出　〜消費税③〜	15
A511	相続財産の把握（相続人による）	16
A521	相続財産の把握（税理士による）	17
A522	家族名義の預金等が相続税の課税対象となるかどうかの確認	18
A611	相続人と相続分の確定	19

A621	被相続人の出生から死亡までの戸籍謄本の収集 ── 20
A631	戸籍内容の確認 ── 21
A632	配偶者以外に相続人（血族相続人）がいるかどうか ── 22
A633	代襲相続人がいるかどうか（第1順位） ── 23
A634	代襲相続人がいるかどうか（第3順位） ── 24
A711	相続の承認と放棄 ── 25
A712	相続の放棄手続 ── 26
A811	遺留分の確認 ── 27
A821	遺留分の減殺請求の手続 ── 28

B 遺産分割と分割協議書作成

B111	遺産分割と分割協議書の作成 ── 30
B211	遺産分割協議（通常の場合） ── 31
B212	遺産分割協議が長期化した場合の対応方法の検討 ── 32
B311	相続人や相続の発生の仕方が特殊な場合の流れの確認 ── 33
B321	相続人が未成年者の場合（特別代理人選任手続） ── 34
B322	特別代理人を選定する必要があるかどうかの判定 ── 35
B331	相続人が行方不明者の場合（不在者財産管理人選任手続） ── 36
B341	相続人が国外居住者の場合 ── 37
B351	父母の相続が続いて発生した場合 ── 38

B411	被相続人の遺言に基づく分割の検討	39
B511	代償分割	40
B611	換価分割	41
B711	遺産分割協議書の作成と押印	42
B712	新たに財産が出てきた場合の対策	43

C 財産評価(1)―土地

C111	土地の評価の手順	46
C121	対象地の所在の確認	47
C131	地目の確認	48
C141	地積の確認	49
C151	借地権、借家権の権利関係の確認	50
C152	貸宅地である場合の権利関係の確認	51
C153	貸家建付地である場合の権利関係の確認	52
C161	共有持分の確認	53
C171	評価単位の判定	54
C181	評価方法の確認―路線価方式か倍率方式か	55
C182	路線価図からの評価手順	56
C183	倍率表からの評価手順	57
C184	固定資産税評価額の確認	58
C185	倍率のない雑種地である場合の評価手順	59

| C 1 9 1 | 特殊要因の減額の有無の確認 —— 60
| C 1 9 2 | 私道である場合のしんしゃくの判定 —— 61
| C 1 9 3 | 都市計画道路予定地である場合の補正率の確定 —— 62
| C 1 9 4 | 高圧線下の土地の場合の控除割合の確定 —— 63
| C 1 9 5 | 広大地に該当するか否かの判定 —— 64
| C 1 9 6 | 市街化調整区域等内の土地の開発可否の判定 —— 65
| C 1 9 7 | 現に有効利用されているか否かの判定 —— 66
| C 1 9 8 | 無道路地のしんしゃくを行うか否かの判定 —— 67
| C 1 9 9 | 容積率の異なる2以上の地域にわたる場合の減額があるか否かの判定 —— 68
| C 1 9 10 | 土地区画整理事業施行中の土地の評価方法の判定 —— 69
| C 1 9 11 | セットバックの評価減を行うか否かの判定 —— 70
| C 1 9 12 | その他、利用価値が著しく低下している土地に該当しているか否かの確認 —— 71

C　財産評価⑵－家屋

| C 2 1 1 | 家屋の評価の手順 —— 74
| C 2 2 1 | 固定資産税評価額の確認 —— 75
| C 2 3 1 | 自用・貸家の別による評価倍率の判定 —— 76

C 財産評価(3)－小規模宅地の特例

C311	小規模宅地の特例の適用の手順	78
C321	事業用宅地等の要件の判定	79
C322	特定事業用宅地等の取得者要件の判定	80
C323	特定同族会社事業用宅地等の取得者要件の判定	81
C324	貸付事業用宅地等の取得者要件の判定	82
C331	居住用宅地等の要件の判定	83
C332	生計一親族の居住用の判定	84
C333	老人ホームに入所していた場合の居住用の判定	85
C334	主たる居住地の判定	86
C335	取得者の居住用の要件に該当するかの判定	87
C341	継続要件、保有要件、取得要件の判定	88
C342	申告期限後に特例を受けられる場合の手続	89
C351	複数の特例対象地の有利選択順位の確認	90
C352	私道への適用可否の判定	91
C361	添付書類の確認	92

C 財産評価(4)－取引相場のない株式

C411	取引相場のない株式の評価の手順	94
C421	原則的評価と特例的評価の確認	95
C422	同族株主の判定	96

C423	原則的評価と特例的評価の判定	97
C424	同族株主がいる会社の判定	98
C425	同族株主がいない会社の判定	99
C431	会社規模（Lの割合）の確認	100
C432	業種の確認	101
C433	総資産価額の確認	102
C434	取引金額の確認	103
C435	従業員数の確認	104
C436	評価会社の業種に応じた会社規模の判定	105
C437	卸売業の会社規模の判定	106
C438	小売・サービス業の会社規模の判定	107
C439	卸売業、小売・サービス業以外の会社規模の判定	108
C441	一般の評価会社と特定の評価会社の評価方式の判定	109
C451	一般の評価会社の評価方式の判定	110

C 財産評価(5)－金融資産

C511	金融資産の評価の手順	112
C521	上場株式の評価	113
C522	銘柄と株式数の確認	114
C523	金融商品取引所の判定	115
C531	配当期待権の評価	116

C541	医療法人の出資の評価	117
C542	社団である医療法人で、出資持分の定めがあるものの評価	118
C551	公社債の評価	119
C552	利付公社債（個人向け国債）の評価	120
C553	利付公社債（個人向け国債以外）の評価	121
C554	券面額100円当たりの価額の判定（利付債）	122
C555	割引発行の公社債の評価	123
C556	券面額100円当たりの価額の判定（割引債）	124
C561	証券投資信託受益証券の評価	125
C562	日々決算型の証券投資信託受益証券の評価（中期国債ファンド、MMF等）	126
C563	上場されている証券投資信託受益証券の評価	127
C564	その他の証券投資信託受益証券の評価	128
C571	手許現金の評価	129
C581	預貯金の評価	130
C582	取引金融機関の確認	131
C583	家族名義預貯金の相続財産性の確認	132
C591	貸付金債権の評価	133
C592	元本の価額（回収不能額の有無）の判定	134
C5101	受取手形の評価	135

C 5 11 1	ゴルフ会員権の評価	136
C 5 11 2	ゴルフ会員権の評価方法の判定	137
C 5 12 1	国外財産・外貨建資産・外貨建債務の邦貨換算	138

C 財産評価(6)－その他の財産

C 6 1 1	その他の財産の評価の手順	140
C 6 2 1	みなし相続財産の評価	141
C 6 2 2	生命保険金等の評価	142
C 6 2 3	退職手当金等の評価	143
C 6 2 4	生命保険契約に関する権利の評価	144
C 6 2 5	定期金に関する権利の評価	145
C 6 2 6	有期定期金の評価	146
C 6 2 7	終身定期金の評価	147
C 6 3 1	一般動産の評価	148
C 6 4 1	損害保険契約の評価	149

D 相続税の申告(1)－課税価格計算

D 1 1 1	税額計算までの全体像① 課税価格計算	152
D 1 2 1	みなし相続財産の計上	153
D 1 2 2	保険契約の内容と区分の確認	154
D 1 2 3	生命保険金等の確認	155

D124	生命保険契約に関する権利の確認	156
D125	定期金に関する権利の確認	157
D126	保証期間付定期金に関する権利の確認	158
D127	退職手当金等の計上に関する確認	159
D128	非課税扱いとなる弔慰金等の確認	160
D131	非課税財産	161
D141	相続時精算課税の適用を受ける贈与財産の加算	162
D151	債務控除の適用	163
D152	被相続人に係る未納の公租公課の債務計上	164
D161	被相続人の葬式費用の債務計上	165
D171	相続開始前3年以内の贈与財産の加算	166

D 相続税の申告(2)－税額計算

D211	税額計算までの全体像② 税額計算	168
D221	2割加算の適用	169
D231	税額控除の適用	170
D232	暦年課税分の贈与税額控除	171
D233	配偶者の税額軽減額	172
D234	未成年者控除	173
D235	障害者控除	174
D236	相次相続控除	175

| D241 | 農地等の納税猶予制度の適用 ———————————————— 176 |
| D242 | 農地等の納税猶予制度の適用を受ける場合の
配偶者の税額軽減の計算 ———————————————— 177 |

D 相続税の申告(3)－当初申告の方法

D311	お尋ねの作成・提出 （課税価格が基礎控除額以下の場合）————————————— 180
D312	期限内申告 ———————————————————————— 181
D313	期限後申告 ———————————————————————— 182

D 相続税の申告(4)－遺産が未分割の場合

| D411 | 遺産が未分割の場合の申告手続 —————————————————— 184 |
| D412 | 遺産が未分割のまま申告期限から
３年経過した場合の手続 ————————————————————— 185 |

E 農地等の相続税の納税猶予の特例

E111	農地等の納税猶予の特例を受けるための手続 ———————————— 188
E121	農地等の納税猶予の特例を受けるための要件 ———————————— 189
E131	農地等の納税猶予の特例適用対象となる農地等 ———————————— 190
E141	農地等の納税猶予にかかる相続税が免除される場合 ——————— 191
E151	農地等の納税猶予期限の全部が確定する場合 ———————————— 192
E152	農地等の納税猶予期限の一部が確定する場合 ———————————— 193

| E161 | 納税猶予適用農地の貸付特例適用有無の判定 ―― 194

F 相続税の納付

| F111 | 相続税の納付方法の決定 ―― 196
| F112 | 納付計画の立案 ―― 197
| F113 | 延納を選択できるか否かの確認
（金銭一時納付が不可能な場合）―― 198
| F114 | 物納を選択できるか否かの確認
（物納資金の調達が不可能な場合）―― 199
| F211 | 延納手続 ―― 200
| F212 | 延納ができるか否か ―― 201
| F221 | 延納の申請手続 ―― 202
| F231 | 担保の提供（必要か否かの判定）―― 203
| F232 | 担保として提供できる財産か否かの確認 ―― 204
| F233 | 土地（担保提供する場合の必要書類の準備）―― 205
| F241 | 延納申請の許可 ―― 206
| F311 | 物納手続 ―― 207
| F312 | 物納ができるか否か ―― 208
| F321 | 物納財産に充てられるか否か ―― 209
| F322 | 物納財産の種類と順位の確認 ―― 210
| F323 | 管理処分不適格財産でないか否か（土地の場合）―― 211

F324	管理処分不適格財産でないか否か（株式の場合）	212
F325	②不動産のうち物納劣後財産に該当するもの	213
F331	物納の申請手続	214
F332	物納手続関係書類の準備（全ての土地に共通）	215
F341	収納価額の確認（不動産）	216
F351	物納申請の許可	217

G 相続税の申告後の諸問題(1)－相続税の申告後の税務問題

G111	相続税の申告後の税務問題	220
G211	修正申告	221
G221	税務調査前の修正申告	222
G231	税務調査後の修正申告	223
G241	加算税が課されない修正申告の判定	224
G251	延滞税が課されない修正申告の判定	225
G311	更正の請求	226
G321	更正の請求の手続の一般的な流れ	227
G331	更正の請求（国税通則法）	228
G341	更正の請求（相続税法）	229
G411	未分割遺産が分割された場合	230
G421	未分割遺産が分割された場合の期限後申告	231
G431	未分割遺産が分割された場合の修正申告	232

| G441 | 未分割遺産が分割された場合の更生の請求 ──── 233
| G511 | 遺留分の減殺請求があった場合 ──── 234
| G521 | 遺留分の減殺請求があった場合の期限後申告 ──── 235
| G531 | 遺留分の減殺請求があった場合の修正申告 ──── 236
| G541 | 遺留分の減殺請求があった場合の更生の請求 ──── 237
| G611 | 申告期限から3年以内に相続財産の譲渡があった場合 ── 238
| G621 | 相続財産を譲渡した場合の
　　　　相続税の取得費加算の特例の適用手続 ──── 239
| G631 | 相続した非上場株式を発行会社に
　　　　譲渡した場合のみなし配当課税の特例 ──── 240
| G711 | 税務調査 ──── 241
| G721 | 相続税の税務調査の一連の流れ ──── 242
| G731 | 税務調査を受ける前の準備 ──── 243
| G741 | 申告内容に非違がある場合の取扱い ──── 244
| G751 | 申告内容に非違がある場合の加算税の取扱い ──── 245
| G811 | 不服申立 ──── 246
| G821 | 不服申立制度の概要 ──── 247
| G831 | 異議申立の手続 ──── 248
| G841 | 審査請求の手続 ──── 249
| G851 | 課税処分取消請求の税務訴訟の手続 ──── 250

G 相続税の申告後の諸問題(2)－相続財産の名義変更手続

G911	相続財産の名義変更手続	252
G921	土地の名義変更手続	253
G931	家屋の名義変更手続	254
G932	家屋の相続登記	255
G933	未登記家屋の所有者変更手続	256
G941	預貯金の名義変更手続	257
G951	有価証券の名義変更手続	258
G961	その他財産の名義変更手続	259
G971	借入金の名義変更手続	260
G981	抵当権の名義変更手続	261

H 贈与税の申告の手順

H111	贈与税の申告の手順	264
H211	贈与税の課税原因の確認	265
H221	形式的に贈与が成立しているか否かの確認	266
H231	実質的に贈与が成立しているか否かの判定1	267
H241	実質的に贈与が成立しているか否かの判定2	268
H251	贈与を受けたものとみなされる財産の判定	269
H311	贈与による財産の取得時期の判定	270

I 贈与財産の評価

I 1 1 1	贈与財産の評価の事前準備 — 272
I 1 2 1	贈与財産の非課税財産の確認 — 273
I 1 2 2	扶養義務者から生活費や教育費として贈与か否かの判定 — 274
I 1 2 3	社交上必要と認められる香典・祝物・見舞金等の贈与か否かの判定 — 275
I 1 3 1	通常の相続財産と異なる財産評価を行う場合の評価手順（負担付贈与・対価を伴う取引により取得した土地等）— 276

J 贈与税の申告形態と申告書の作成

J 1 1 1	贈与税の申告形態の判定 — 278
J 2 1 1	暦年課税 — 279
J 2 2 1	贈与財産が110万円が超えるのか否かの判定 — 280
J 2 3 1	配偶者控除の特例の適用手続 — 281
J 2 3 2	適用対象者の判定 — 282
J 2 3 3	適用対象不動産の判定1（居住用不動産の贈与の場合）— 283
J 2 3 4	適用対象不動産の判定2（居住用不動産の取得の金銭贈与の場合）— 284
J 2 3 5	添付書類の整備 — 285
J 3 1 1	相続時精算課税制度 — 286
J 3 2 1	既に相続時精算課税制度を選択しているか否かの判定 — 287

J331	新たに相続時精算課税制度を選択する場合の申告手続の流れ	288
J332	適用対象者の判定	289
J333	相続時精算課税制度を選択する場合の添付書類の整備	290
J411	住宅取得等資金の非課税の特例の適用手続	291
J421	受贈者の判定	292
J431	住宅用家屋の要件の確認	293
J432	住宅用家屋の判定1（住宅用家屋の新築又は未使用の家屋の取得の場合）	294
J433	住宅用家屋の判定2（既存の住宅用家屋の取得の場合）	295
J434	住宅用家屋の判定3（住宅用家屋の増改築等の場合）	296
J441	受贈者の居住の判定	297
J451	住宅取得等資金の非課税限度額の判定	298
J461	申告形態の判定	299
J471	添付書類の整備（暦年贈与の場合）	300

K 贈与税の申告と納付

| K111 | 贈与税の申告書の提出の流れ | 302 |
| K211 | 贈与税の納税の流れ | 303 |

A 相続の開始から相続人・相続分の確定

- A111 相続手続～発生後4ヶ月～
- A211 遺言書の有無の確認
    - A212 遺言内容の実現（遺言執行）
        - A213 自筆証書遺言の法的効果の判定
- A311 所得税の準確定申告（要不要判定）
    - A312 準確定申告書の作成
        - A313 医療費控除の適用の確認
        - A314 準確定申告による還付金・納付税額の取扱い
- A411 被相続人が事業を行っていた場合の税務手続
- A421 被相続人の事業を承継した相続人の税務手続が必要かどうか
    - A422 相続人の開業の届出 ～所得税～
    - A423 相続人の開業の届出 ～消費税①～
    - A424 相続人の開業の届出 ～消費税②～
    - A425 相続人の開業の届出 ～消費税③～
- A511 相続財産の把握（相続人による）
- A521 相続財産の把握（税理士による）
    - A522 家族名義の預金等が相続税の課税対象となるかどうかの確認
- A611 相続人と相続分の確定
- A621 被相続人の出生から死亡までの戸籍謄本の収集
- A631 戸籍内容の確認
    - A632 配偶者以外に相続人（血族相続人）がいるかどうか
    - A633 代襲相続人がいるかどうか（第1順位）
    - A634 代襲相続人がいるかどうか（第3順位）
- A711 相続の承認と放棄
    - A712 相続の放棄手続
- A811 遺留分の確認
- A821 遺留分の減殺請求の手続

相続人・相続分が確定

業務フロー A111
相続手続～発生後4ヶ月～

- 相続開始（＝被相続人死亡）
- 死亡届の提出
- 通夜・葬儀、初七日法要・香典返し・四十九日法要
- 遺言書の有無の確認 → To A211
- 被相続人が事業を行っていた場合の税務手続 → To A411
- 相続人と相続分の確定 → To A611
- （3ヶ月以内に）相続の承認と放棄 → To A711
- （4ヶ月以内に）所得税等の準確定申告 → To A311
- 相続手続～発生後4ヶ月～が完了 → To A511

A　相続の開始から相続人・相続分の確定　3

判定フロー　A 2 1 1

From A 1 1 1

遺言書の有無の確認

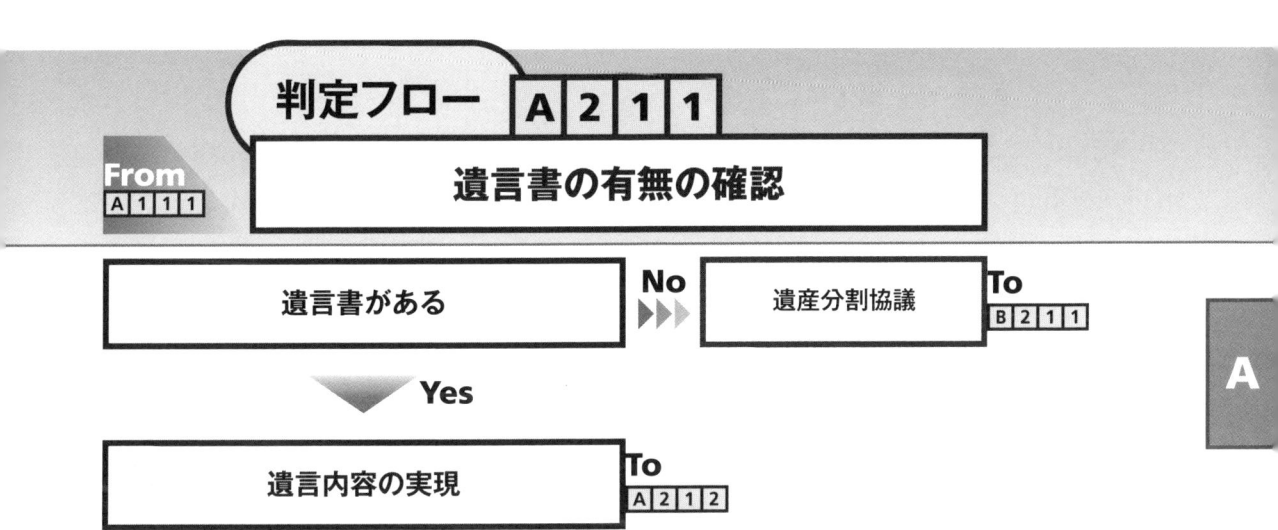

| 遺言書がある | **No** ▶▶▶ | 遺産分割協議 | **To** B 2 1 1 |

▼ Yes

| 遺言内容の実現 | **To** A 2 1 2 |

業務フロー A212 遺言内容の実現（遺言執行）

From A211
To A111

- 遺言の種類の確認
- 家庭裁判所による「検認」（公正証書遺言でない場合）
- 自筆証書遺言の法的効果の判定　To A213
- 相続人全員へ内容開示
- 遺言執行者による「執行」
- （遺言執行者がいない場合は）相続人による「執行」
- 遺留分の確認　To A811
- 遺留分の減殺請求の手続　To A821

遺言内容の実現（遺言執行）が完了

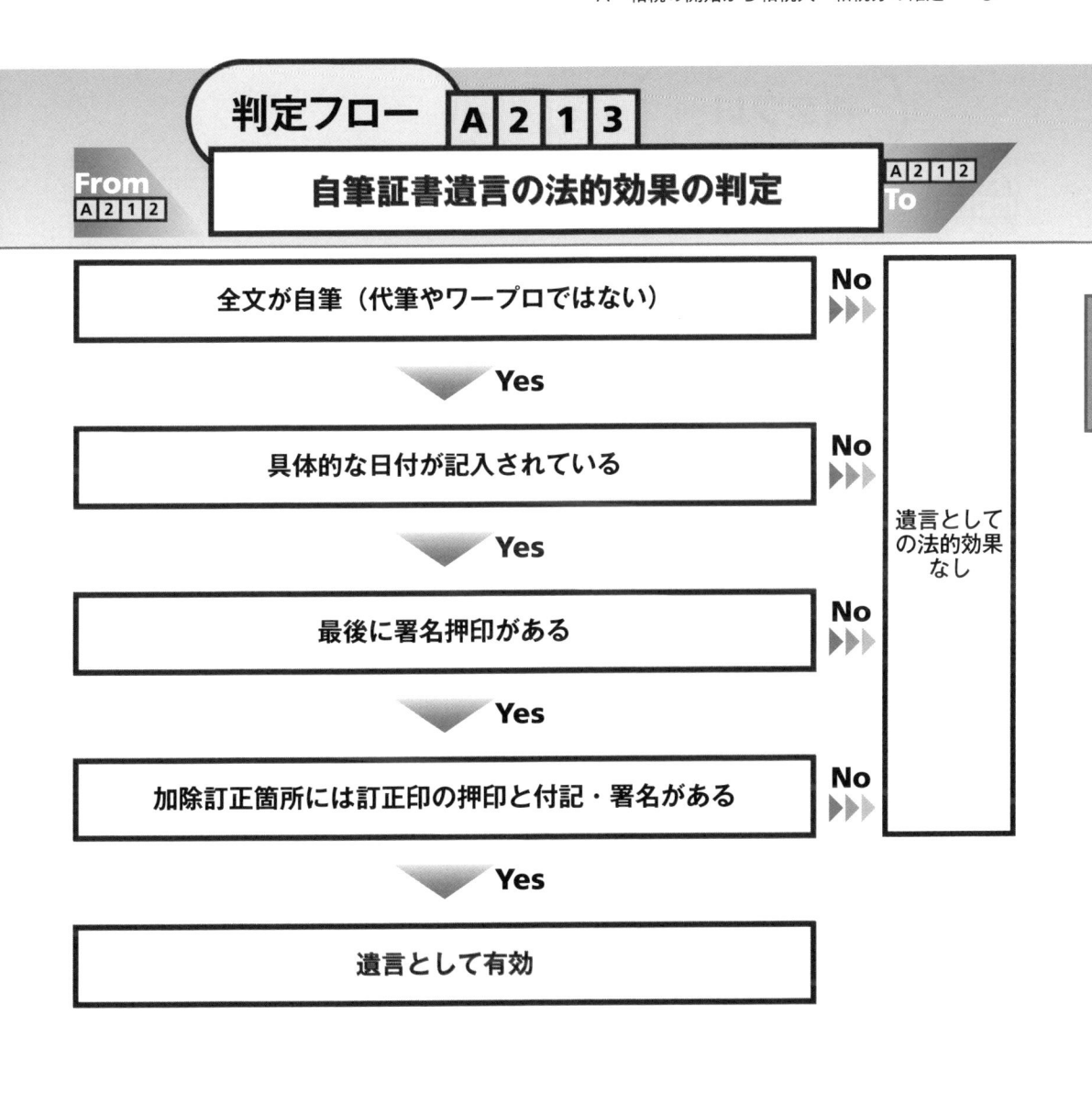

判定フロー A213 自筆証書遺言の法的効果の判定

From A212 / To A212

- 全文が自筆（代筆やワープロではない）
  - No → 遺言としての法的効果なし
  - Yes ↓
- 具体的な日付が記入されている
  - No → 遺言としての法的効果なし
  - Yes ↓
- 最後に署名押印がある
  - No → 遺言としての法的効果なし
  - Yes ↓
- 加除訂正箇所には訂正印の押印と付記・署名がある
  - No → 遺言としての法的効果なし
  - Yes ↓
- 遺言として有効

判定フロー A311

From A111

所得税の準確定申告（要不要判定）

- 被相続人に給与以外の所得がある（年初から相続日までの月数も考慮）
  - No → 準確定申告書の提出は不要　**To** A111
  - Yes ↓
- 所得金額が被相続人の基礎控除額38万円を超えている
  - No → 準確定申告書の提出は不要　**To** A111
  - Yes ↓
- 準確定申告書の作成・提出（が必要）　**To** A312

A 相続の開始から相続人・相続分の確定　7

業務フロー A312　準確定申告書の作成

From A311
To A111

- 通常の確定申告と同じ申告用紙で行う

↓

- 相続人が2名以上の場合には
相続人全員の連名による付表の添付が必要

↓

- 医療費控除の適用の確認　To A313

↓

- 準確定申告による還付金の受取人・納付税額の負担者の確認　To A314

↓

準確定申告書の作成が完了

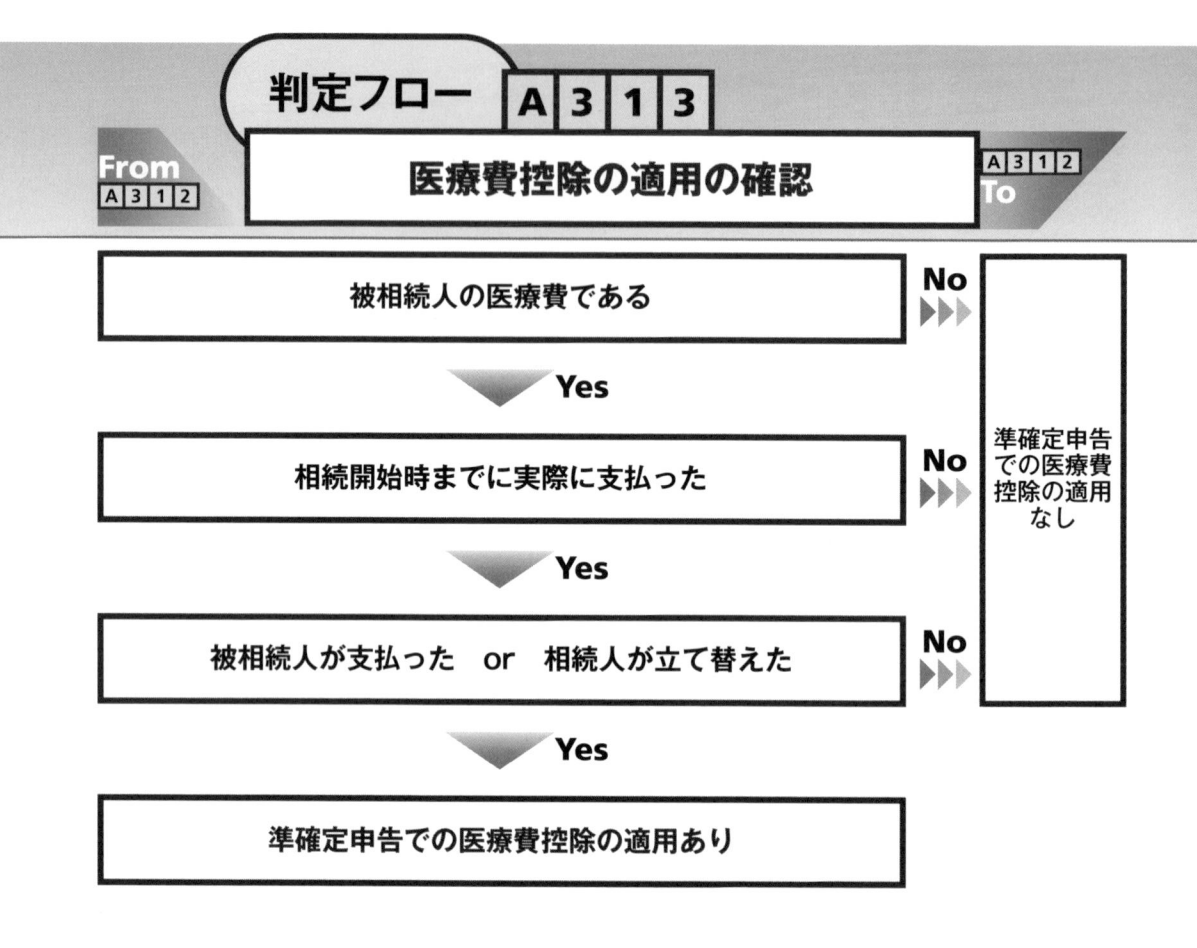

判定フロー A313　医療費控除の適用の確認

From A312 / To A312

- 被相続人の医療費である → No → 準確定申告での医療費控除の適用なし
- ↓ Yes
- 相続開始時までに実際に支払った → No → 準確定申告での医療費控除の適用なし
- ↓ Yes
- 被相続人が支払った or 相続人が立て替えた → No → 準確定申告での医療費控除の適用なし
- ↓ Yes
- 準確定申告での医療費控除の適用あり

A 相続の開始から相続人・相続分の確定　9

判定フロー A 3 1 4

準確定申告による還付金・納付税額の取扱い

From A312
To A312

準確定申告により還付金が生じる — **No** → 相続税の申告で納付税額を債務控除

↓ **Yes**

相続税の申告で還付金を財産計上

A

業務フロー A411

被相続人が事業を行っていた場合の税務手続

From: A111

- 所得税「個人事業の開業・廃業等届出書」（1ヶ月以内）

　↓

- 消費税「個人事業者の死亡届出書」（できるだけ速やかに）

　↓

- 準確定申告（4ヶ月以内） → To A312

　↓

- 被相続人の事業を承継した相続人に税務手続きが必要かどうか → To A421

　↓

被相続人が事業を行っていた場合の税務手続が完了

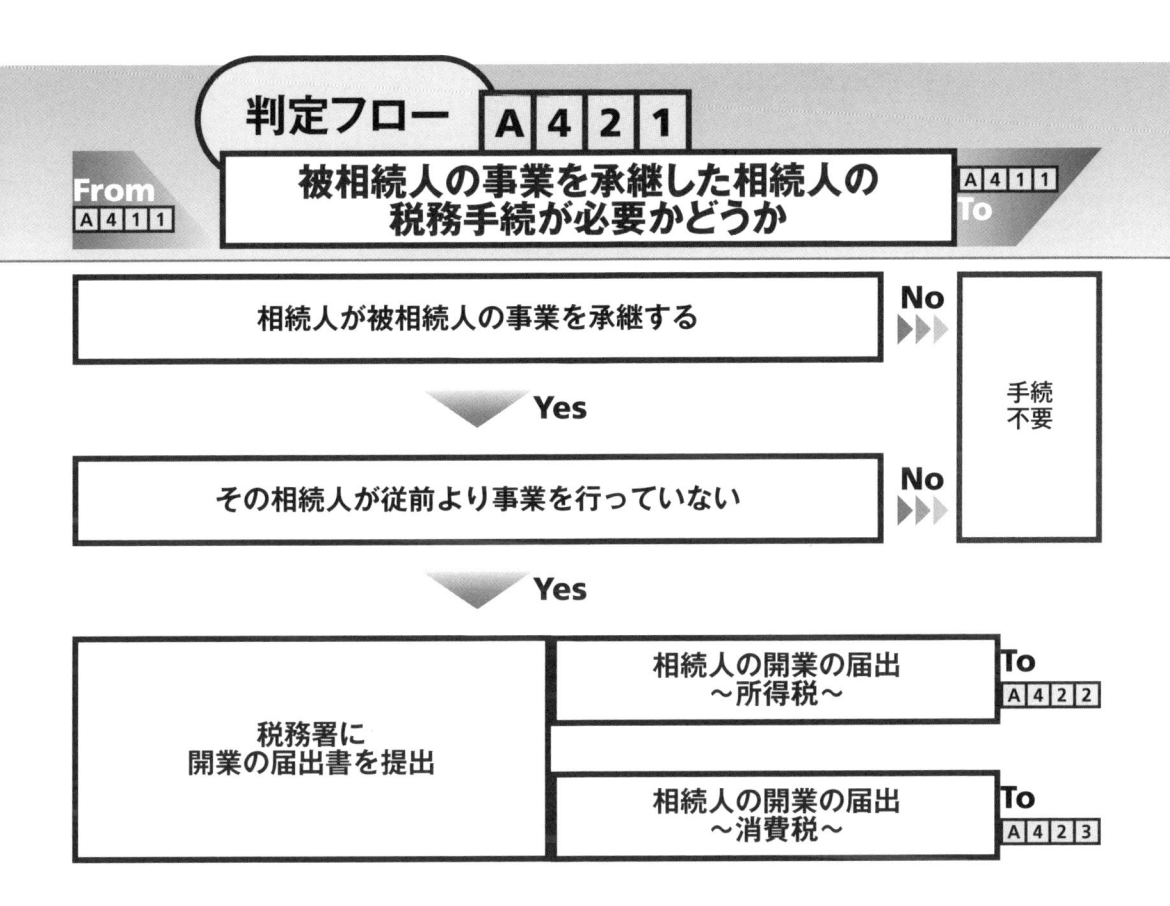

A　相続の開始から相続人・相続分の確定　11

判定フロー A421
被相続人の事業を承継した相続人の税務手続が必要かどうか

From A411　／　To A411

- 相続人が被相続人の事業を承継する → **No** → 手続不要
- ↓ **Yes**
- その相続人が従前より事業を行っていない → **No** → 手続不要
- ↓ **Yes**
- 税務署に開業の届出書を提出
  - 相続人の開業の届出 〜所得税〜 → To A422
  - 相続人の開業の届出 〜消費税〜 → To A423

業務フロー A422 相続人の開業の届出 ～所得税～

From A421 / To A411

「個人事業の開業・廃業等届出書」を提出
（事業開始後1ヶ月以内）

↓

事業所得・不動産所得があり、青色申告によりたい場合には

↓

「所得税の青色申告承認申請書」を併せて提出
（相続開始の日付により提出期限が異なる）

↓

開業の届出の完了（所得税）

判定フロー　A423　相続人の開業の届出　～消費税①～

From A421 / To A424

被相続人の事業を承継したことにより、相続人が新たに消費税の課税事業者となった

→ No → 届出不要

↓ Yes

「消費税課税事業者届出書」「相続・合併・分割等があったことにより課税事業者となる場合の付表」を提出（速やかに）

判定フロー A424 相続人の開業の届出 ～消費税②～

From A423 / To A425

免税事業者だが課税事業者としての扱いを受けたい → **No** → 届出不要

↓ **Yes**

「消費税課税事業者選択届出書」「相続・合併・分割等があったことにより課税事業者となる場合の付表」を提出
（相続開始年の12月31日まで）

A　相続の開始から相続人・相続分の確定　15

判定フロー A 4 2 5

相続人の開業の届出　〜消費税③〜

From A 4 2 4
To A 4 1 1

| 課税事業者が簡易課税制度の適用を受けたい | **No** ▶▶▶ 届出不要 |

▼ Yes

「消費税簡易課税制度選択届出書」を提出
（新たに事業を開始した年の12月31日まで）

業務フロー A511 相続財産の把握（相続人による）

From A111 / To A521

```
金庫（貸金庫）や書斎の確認
        ↓
重要書類を整理・分類し、内容を確認
        ↓
印鑑や預金通帳を確認
        ↓
名刺ファイル等により不動産関係や金融機関関係の取引を想定し、
関連する財産の有無を調査
        ↓
借入金等の債務の確認
        ↓
被相続人の日記帳や手帳の記載内容を確認
        ↓
相続財産の把握（相続人による）が完了
```

A　相続の開始から相続人・相続分の確定　17

業務フロー　A 5 2 1
相続財産の把握（税理士による）

From A 5 1 1　　　To C 5 1 1

```
┌─────────────────────────────────┐
│    確定申告書の収入を確認         │
└─────────────────────────────────┘
              ▼
┌─────────────────────────────────┐
│ 相続人と被相続人の貯蓄バランスの比較 │
└─────────────────────────────────┘
              ▼
┌─────────────────────────────────┐
│ 家族名義の預金等が相続税の課税対象となるかどうかの確認 │　To A 5 2 2
└─────────────────────────────────┘
              ▼
┌─────────────────────────────────┐
│    被相続人の過去の預金通帳を入手   │
└─────────────────────────────────┘
              ▼
┌─────────────────────────────────┐
│ 預金通帳の入出金、定期預金の利子、配当金等の入金の有無を確認 │
└─────────────────────────────────┘
              ▼
┌─────────────────────────────────┐
│ 証券会社や保険会社からの分配金・収受金があれば、
│ その元本等となる財産を確認          │
└─────────────────────────────────┘
              ▼
┌─────────────────────────────────┐
│    使途不明金の使途、移動先などの確認 │
└─────────────────────────────────┘
              ▼
```

相続財産の把握（税理士による）が完了

判定フロー A522
家族名義の預金等が相続税の課税対象となるかどうかの確認

From A521 / To A521

- 被相続人と財産の名義人との間で贈与（受贈）の意思表示があった → **No**
- ↓ **Yes**
- 受贈者の年齢から見て贈与契約が成立する → **No**
- ↓ **Yes**
- 財産移転の事実が確認できる → **No**
- ↓ **Yes**
- 印鑑や通帳等を受贈者が自身で管理していた → **No**
- ↓ **Yes**
- 贈与税の基礎控除額を超える財産移転があった年分の贈与税の申告が行われた → **No**
- ↓ **Yes**
- 相続税の課税対象とならない（可能性が高い）

No の場合：相続税の課税対象となる（可能性が高い）

A 相続の開始から相続人・相続分の確定　19

業務フロー　A 6 1 1

相続人と相続分の確定

From A 1 1 1
To A 1 1 1

```
┌─────────────────────────────────────────┐
│ 被相続人の出生から死亡までの戸籍謄本の収集 │　To A 6 2 1
└─────────────────────────────────────────┘
                    ▼
┌─────────────────────────────────────────┐
│ 改製原戸籍も含め、必要に応じて複数の戸籍を取得 │
└─────────────────────────────────────────┘
                    ▼
┌─────────────────────────────────────────┐
│ 相続人の戸籍謄本の収集                    │
└─────────────────────────────────────────┘
                    ▼
┌─────────────────────────────────────────┐
│ 戸籍内容の確認                           │　To A 6 3 1
└─────────────────────────────────────────┘
                    ▼
┌─────────────────────────────────────────┐
│ 相続関係図を作成                         │
└─────────────────────────────────────────┘
                    ▼
┌─────────────────────────────────────────┐
│ 相続関係図及び戸籍謄本一式を司法書士にチェックしてもらう │
└─────────────────────────────────────────┘
                    ▼
       相続人と相続分の確定が完了
```

業務フロー A621
被相続人の出生から死亡までの戸籍謄本の収集

From A611 / To A611

```
本籍地の市区町村役場に請求書を提出
          ▼
       手数料を納付
          ▼
直接交付を受ける（定額小為替により郵送での交付も可）
          ▼
被相続人の戸籍については、
出生から死亡まで連続するように同様の作業を繰り返す
          ▼
```

被相続人の出生から死亡までの戸籍謄本の収集完了

A　相続の開始から相続人・相続分の確定　21

業務フロー A631　戸籍内容の確認

From A611
To A611

```
┌─────────────────────────────────────┐
│「本籍」戸籍の所在地を確認           │
└─────────────────────────────────────┘
                 ▼
┌─────────────────────────────────────┐
│「戸籍筆頭者」氏名を確認             │
└─────────────────────────────────────┘
                 ▼
┌─────────────────────────────────────┐
│「戸籍事項」新戸籍の編成事由や編成年月日を確認 │
└─────────────────────────────────────┘
                 ▼
┌─────────────────────────────────────┐
│配偶者や子供がいるかどうか           │
└─────────────────────────────────────┘
                 ▼
┌─────────────────────────────────────┐
│配偶者以外に相続人（血族相続人）がいるかどうか │ To A632
└─────────────────────────────────────┘
                 ▼
┌─────────────────────────────────────┐
│代襲相続人がいるかどうか（第1順位）  │ To A633
└─────────────────────────────────────┘
                 ▼
┌─────────────────────────────────────┐
│代襲相続人がいるかどうか（第3順位）  │ To A634
└─────────────────────────────────────┘
                 ▼
       戸籍内容の確認が完了
```

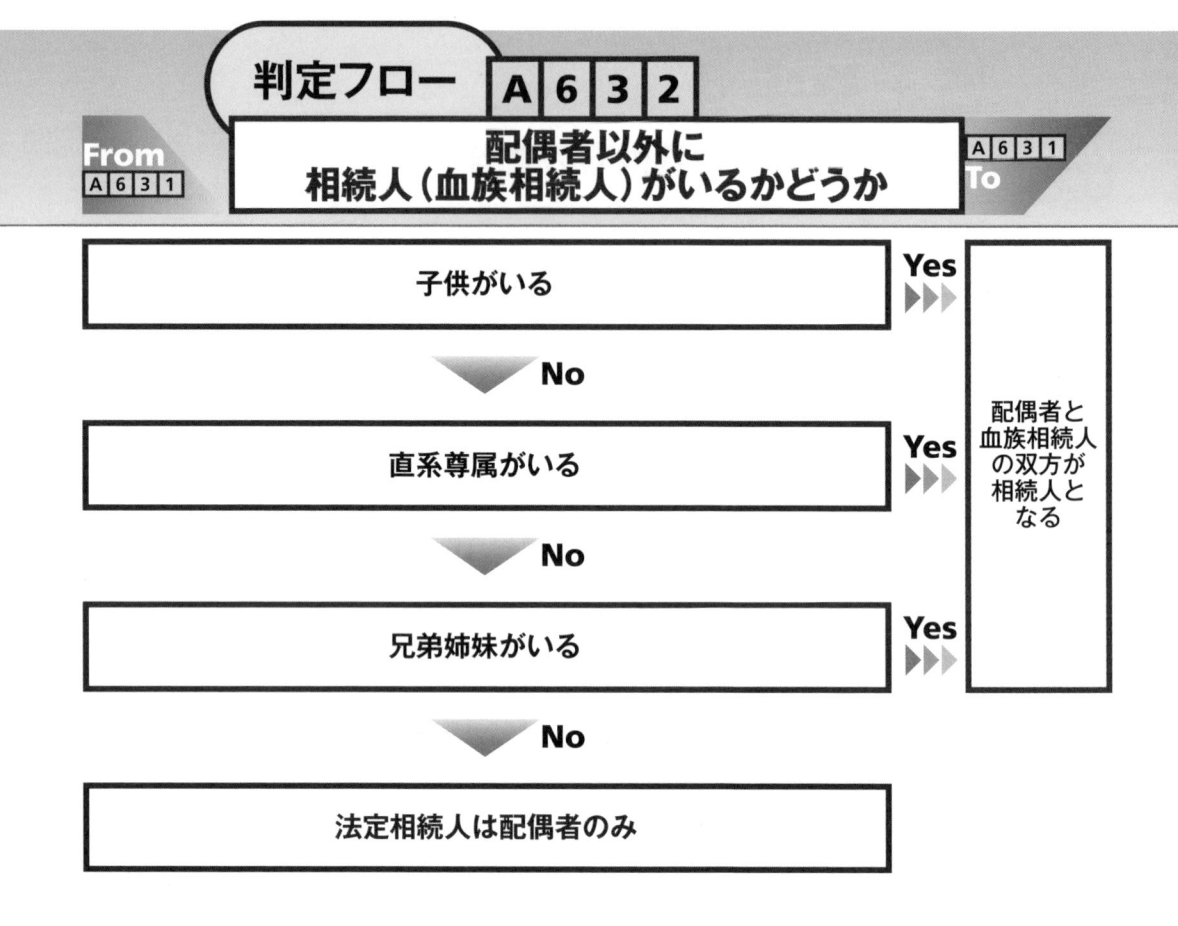

判定フロー A632

配偶者以外に相続人（血族相続人）がいるかどうか

From A631 / To A631

- 子供がいる → **Yes** → 配偶者と血族相続人の双方が相続人となる
  - ↓ No
- 直系尊属がいる → **Yes** → 配偶者と血族相続人の双方が相続人となる
  - ↓ No
- 兄弟姉妹がいる → **Yes** → 配偶者と血族相続人の双方が相続人となる
  - ↓ No
- 法定相続人は配偶者のみ

A　相続の開始から相続人・相続分の確定　23

判定フロー A 6 3 3

代襲相続人がいるかどうか（第1順位）

From A 6 3 1
To A 6 3 1

相続人である子が相続開始以前に死亡している → **No** → 代襲相続人なし

↓ **Yes**

死亡した子に、さらに子（＝被相続人の孫）がいる → **No** → 代襲相続人なし

↓ **Yes**

被相続人の孫は、代襲相続人となる
（複数いれば、子の相続分を人数で均分）

判定フロー　A634
代襲相続人がいるかどうか（第3順位）

From A631 / To A631

```
相続人である兄弟姉妹が相続開始以前に死亡している ── No ──┐
                    │                                      │
                   Yes                                     │
                    ▼                                      │
死亡した兄弟姉妹に、子（＝被相続人の甥、姪）がいる ── No ──┤ 代襲相続人
                    │                                      │   なし
                   Yes                                     │
                    ▼                                      │
被相続人の甥、姪が生きている ──────────────── No ──┘
                    │
                   Yes
                    ▼
被相続人の甥、姪は、代襲相続人となる
（複数いれば、兄弟姉妹の相続分を人数で均分）
```

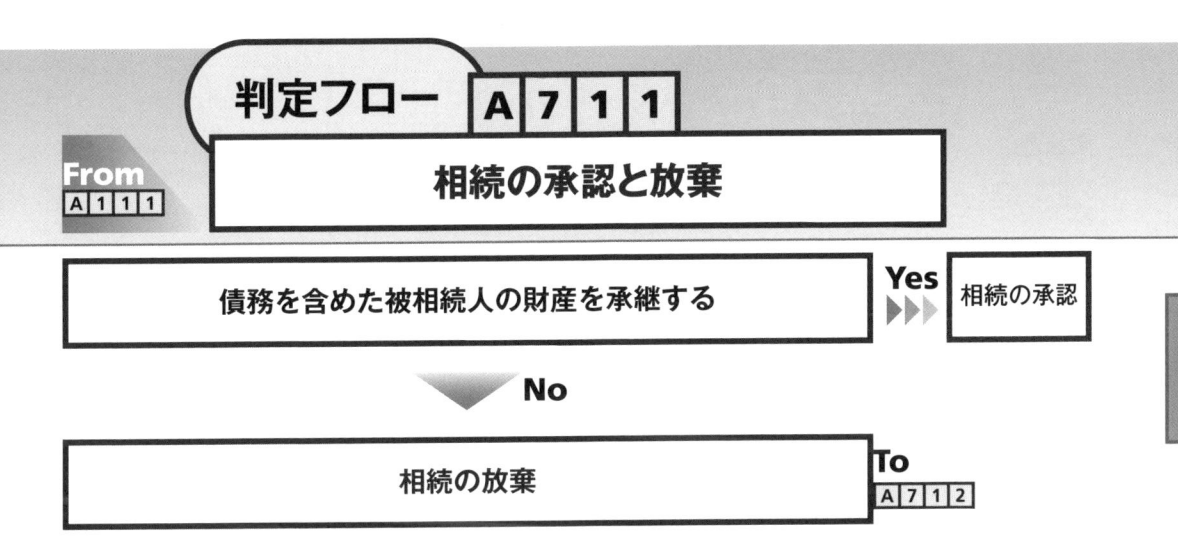

判定フロー A711 相続の承認と放棄

From A111

| 債務を含めた被相続人の財産を承継する | **Yes** ▶▶▶ 相続の承認 |

No ▼

| 相続の放棄 | **To** A712 |

業務フロー A712 相続の放棄手続

From A711
To A111

```
相続開始があったことを知った時から3ヶ月以内（熟慮期間）の検討
        ↓
戸籍謄本（申述人と被相続人）と申立手数料（収入印紙）の準備
        ↓
被相続人の住所地を管轄する家庭裁判所に対し、
本人又は法定代理人が相続放棄を申立てる
        ↓
放棄を申立てた相続人に対し、家庭裁判所から、
意思確認のための照会の書面が届く
        ↓
家庭裁判所へ回答
        ↓
放棄を申立てた相続人に対して相続放棄申述受理証明書が交付される
        ↓
相続の放棄手続が完了
```

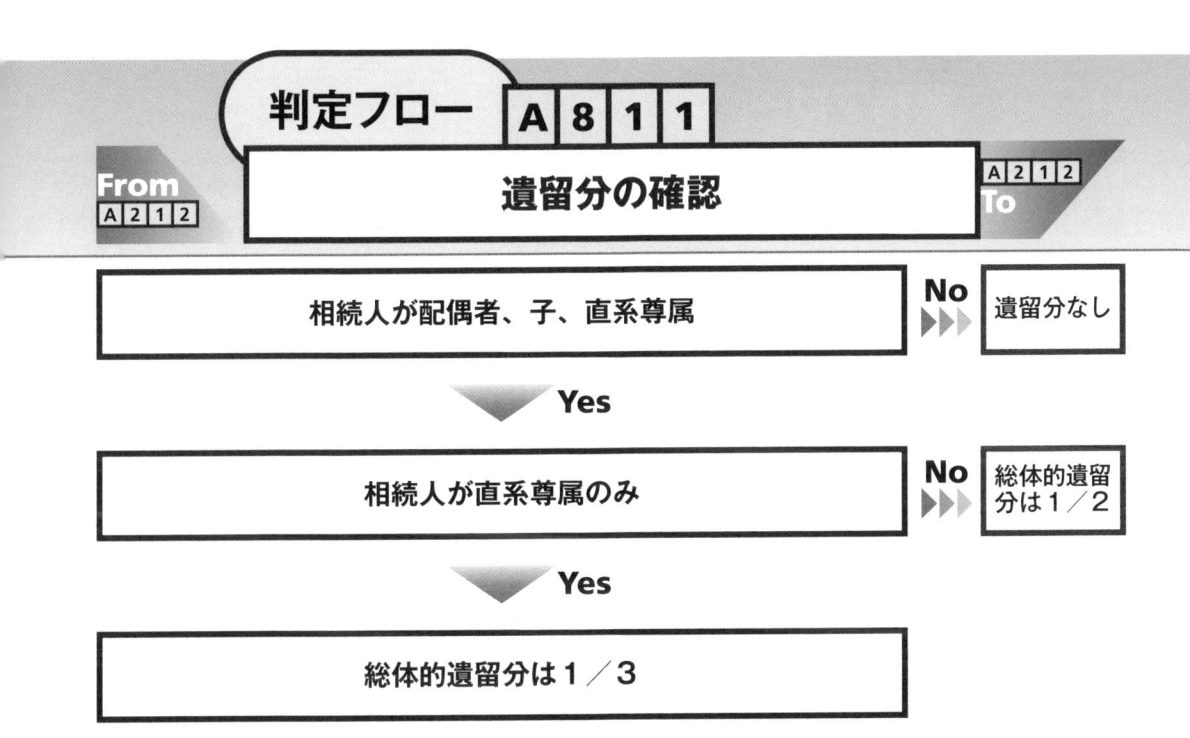

判定フロー A811 遺留分の確認

From A212 → To A212

- 相続人が配偶者、子、直系尊属 → **No** → 遺留分なし
- ↓ Yes
- 相続人が直系尊属のみ → **No** → 総体的遺留分は 1／2
- ↓ Yes
- 総体的遺留分は 1／3

業務フロー A821 遺留分の減殺請求の手続

From A212 / To A212

```
遺言の開示に基づく内容の確認を行う
          ↓
遺産額の確認（時価ベース）を行う
          ↓
遺留分を侵害する遺言であることが判明
          ↓
遺留分を侵害された者は
相手方に取戻し請求ができる（＝遺留分減殺請求権）
          ↓
内容証明郵便などの明確な書面により
遺留分の減殺請求（時効：1年）を行う
          ↓
遺留分の減殺請求の手続が完了
```

B 遺産分割と分割協議書作成

- B111 遺産分割と分割協議書の作成
- B211 遺産分割協議（通常の場合）
  - B212 遺産分割協議が長期化した場合の対応方法の検討
- B311 相続人や相続の発生の仕方が特殊な場合の流れの確認
- B321 相続人が未成年者の場合（特別代理人選任手続）
  - B322 特別代理人を選定する必要があるかどうかの判定
- B331 相続人が行方不明者の場合（不在者財産管理人選任手続）
- B341 相続人が国外居住者の場合
- B351 父母の相続が続いて発生した場合
- B411 被相続人の遺言に基づく分割の検討
- B511 代償分割
- B611 換価分割
- B711 遺産分割協議書の作成と押印
- B712 新たに財産が出てきた場合の対策

遺産分割と分割協議書作成が完了

業務フロー B111
遺産分割と分割協議書の作成

- 財産目録作成
  ↓
- 遺産分割協議 → To B211
  ↓
- 個々の相続財産の取得者を確定する分割の検討（現物分割）
  ↓
- 特定の相続人が他の相続人に代償金を支払う分割の検討（代償分割） → To B511
  ↓
- 相続財産を換金して配分する分割の検討（換価分割） → To B611
  ↓
- 遺産分割案の作成と分割方向性の検討
  ↓
- 分割方針の確定
  ↓
- 遺産分割協議書の作成と押印 → To B711
  ↓

遺産分割と分割協議書の作成が完了

業務フロー B211 遺産分割協議（通常の場合）

From: B111
To: B111

- 遺産の種類や性質を考慮
- 各相続人の年齢、職業、心身の状態、生活の状況などを考慮
- 相続人や相続の発生の仕方が特殊な場合の流れの確認　→ To B311
- 被相続人の遺言に基づく分割の検討（指定分割）　→ To B411
- 共同相続人の協議による分割の検討（協議分割）
- 遺産分割協議が長期化した場合の対応方法の検討　→ To B212

遺産分割協議（通常の場合）の完了

業務フロー B212 遺産分割協議が長期化した場合の対応方法の検討

From B211 / To B211

- 家庭裁判所への請求による分割①（調停分割）の検討

▼

- 家庭裁判所への請求による分割②（審判分割）の検討

▼

遺産分割協議が長期化した場合の対応方法の検討が完了

業務フロー B311

From B211

相続人や相続の発生の仕方が特殊な場合の流れの確認

To B211

- 相続人が未成年者の場合 → **To** B321
- 相続人が行方不明者の場合 → **To** B331
- 相続人が国外居住者の場合 → **To** B341
- 父母の相続が続いて発生した場合 → **To** B351

相続人や相続の発生の仕方が特殊な場合の流れの確認が完了

業務フロー B321 相続人が未成年者の場合（特別代理人選任手続）

From B311
To B311

- 未成年者は法律行為が制限されているため、遺産分割協議に参加できない
- 特別代理人を選定する必要があるかどうかの判定　To B322
- 親権者が「特別代理人の選任の申立て」を行う
- 未成年者の住所地の家庭裁判所に書類を提出
- 家庭裁判所の審判により特別代理人が決定
- 未成年者に代わり特別代理人が遺産分割協議に参加する

相続人が未成年者の場合の手続が完了

判定フロー B322 特別代理人を選定する必要があるかどうかの判定

From B321 / To B321

- 相続人が未成年者である → **No** 代理人不要
- ↓ Yes
- 相続に関して親権者と未成年者とで利益が相反する → **No** 親権者が法定代理人
- ↓ Yes
- 特別代理人を選定する必要有

業務フロー B331 相続人が行方不明者の場合（不在者財産管理人選任手続）

From B311 / To B311

```
財産管理人が決定されるまでは遺産分割協議ができない
        ↓
親族などの利害関係人が「不在者財産管理人選任申立書」を作成
        ↓
行方不明者の住所地の家庭裁判所に上記申立書を提出
        ↓
家庭裁判所が財産管理人を選任
        ↓
公告がある
        ↓
権限外行為の申立て
        ↓
不在者に代わり財産管理人が遺産分割協議に参加する
        ↓
相続人が行方不明者の場合の手続が完了
```

B 遺産分割と分割協議書作成　37

業務フロー B3 4 1　相続人が国外居住者の場合

From B 3 1 1 ／ To B 3 1 1

- 国外居住者は実印の登録制度が無い（印鑑証明書が発行されない）

　▼

- 国外居住者は遺産分割協議書に実印を押すことができない

　▼

- 国外居住者へ分割協議書を送付

　▼

- 日本領事館の面前で分割協議書の国外居住者部分につきサイン（又は拇印）をして領事館の証明印をもらう

　▼

- 法定に有効な遺産分割協議の成立

　▼

相続人が国外居住者の場合の手続が完了

業務フロー B351

父母の相続が続いて発生した場合

From B311 → To B311

```
1次相続の分割や申告の前に2次相続が発生
            ↓
1次相続と2次相続の相続人が同じ場合には
1次相続と2次相続の遺産分割協議書を併せて作成することも可能
            ↓
1次相続の申告において、配偶者の税額軽減も適用できる
            ↓
父母の相続が続いて発生した場合の確認が完了
```

業務フロー B411 被相続人の遺言に基づく分割の検討

From B211 → To B211

```
遺言がある場合には遺言内容に従って遺産分割を行うのが原則
            ▼
遺言内容を尊重しつつ、相続人全員の同意の基に
分割協議を実施することは可能
            ▼
遺言の内容と異なる遺産分割を行い、遺産分割協議書を作成する
            ▼
   被相続人の遺言に基づく分割の検討が完了
```

業務フロー B511 代償分割

From B111 → To B111

```
現物分割が困難な場合
        ↓
特定の相続人が相続財産の全部（又は大部分）を取得
        ↓
その相続人が他の相続人に金銭等の資産を交付
        ↓
代償金支払者の支払能力を見極めて代償金額を決定
        ↓
代償金の支払期日や支払方法等も遺産分割協議書に明記
        ↓
現金ではなく土地等を代償財産とする場合は
譲渡所得が課税される点も考慮
        ↓
```

代償分割の検討・実施が完了

B　遺産分割と分割協議書作成　41

業務フロー　B 6 1 1

換価分割

From B 1 1 1 → To B 1 1 1

```
現物分割も代償分割も困難な場合
          ▼
売却予定の財産を相続登記（共有割合は任意）
          ▼
相続財産を売却して換金
          ▼
売却代金を相続人間で分配（分配割合は共有割合による）
          ▼
共有登記をした相続人は、各自譲渡所得の申告を行う
          ▼
     換価分割の手続が完了
```

業務フロー B711 遺産分割協議書の作成と押印

From B111　To B111

- 被相続人を特定する
  （氏名、本籍、最後の住所、生年月日、死亡年月日など）

- 相続人を特定する
  （氏名、本籍、最後の住所、生年月日、被相続人との続柄など）

- 不動産の表示は謄本のとおりにする
  （所在、地番、地目、地積、家屋番号、構造、床面積）

- 株式、公社債、預貯金等についても詳細に記載する
  （銘柄、株数、金額、金融機関名、口座番号など）

- 新たに財産が出てきた場合の対策　　To B712

- 各相続人は、氏名を自署し、実印を押印する
  （複数枚の場合は各人が契印）

- 必要枚数の分割協議書を作成し、各人の印鑑証明書を添付

遺産分割協議書の作成と押印が完了

業務フロー B712

新たに財産が出てきた場合の対策

From B711 / To B711

```
新たに発見された財産をめぐる相続人間の
トラブルを防止することが重要
        ▼
（対策例①）
「新たに発見された場合は、相続人間で改めて協議し、分割する」
        ▼
（対策例②）
「上記以外の一切の財産は全て○○が取得する」
        ▼
```

新たに財産が出てきた場合の対策が完了

C 財産評価⑴ー土地

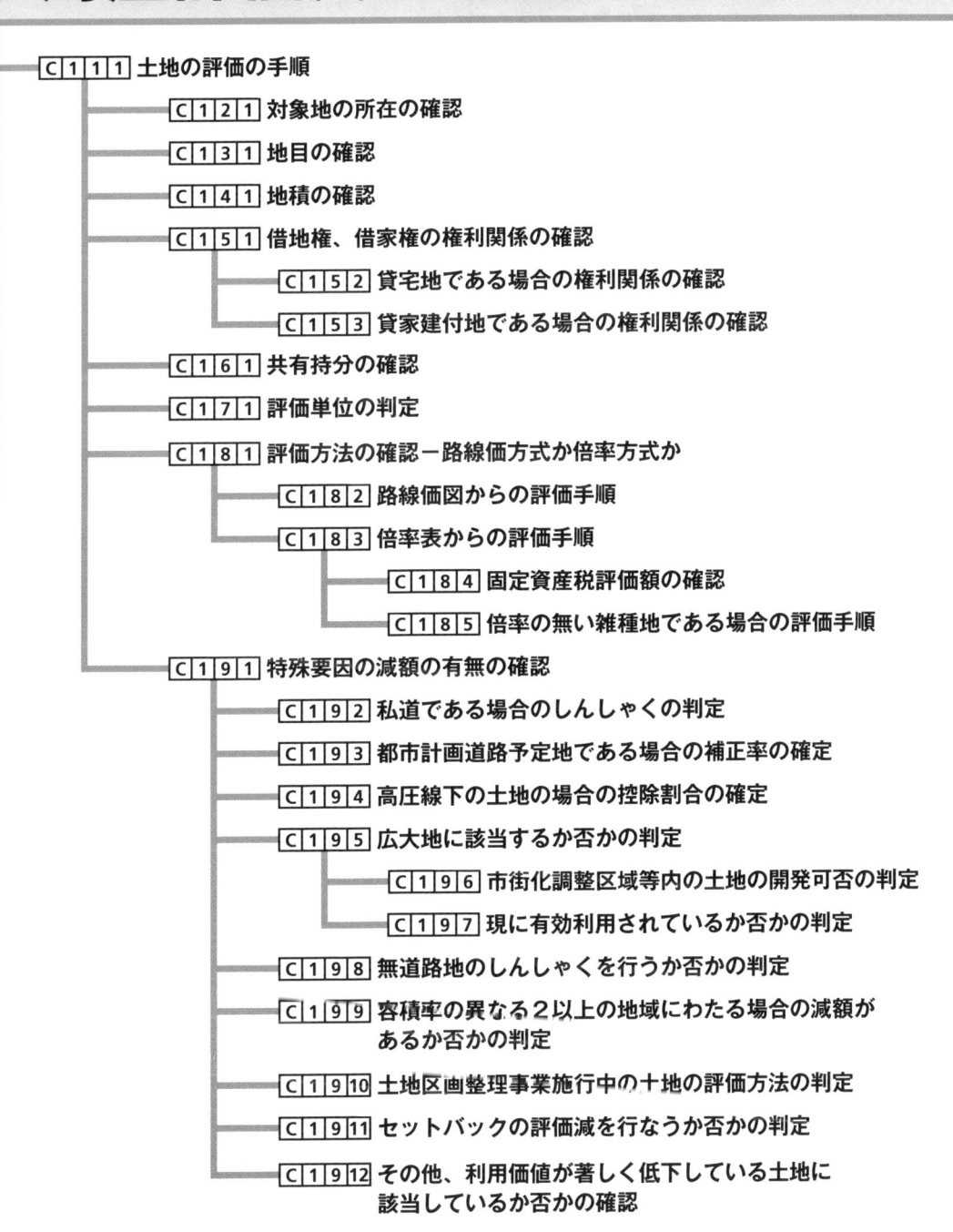

- C111 土地の評価の手順
  - C121 対象地の所在の確認
  - C131 地目の確認
  - C141 地積の確認
  - C151 借地権、借家権の権利関係の確認
    - C152 貸宅地である場合の権利関係の確認
    - C153 貸家建付地である場合の権利関係の確認
  - C161 共有持分の確認
  - C171 評価単位の判定
  - C181 評価方法の確認ー路線価方式か倍率方式か
    - C182 路線価図からの評価手順
    - C183 倍率表からの評価手順
      - C184 固定資産税評価額の確認
      - C185 倍率の無い雑種地である場合の評価手順
  - C191 特殊要因の減額の有無の確認
    - C192 私道である場合のしんしゃくの判定
    - C193 都市計画道路予定地である場合の補正率の確定
    - C194 高圧線下の土地の場合の控除割合の確定
    - C195 広大地に該当するか否かの判定
      - C196 市街化調整区域等内の土地の開発可否の判定
      - C197 現に有効利用されているか否かの判定
    - C198 無道路地のしんしゃくを行うか否かの判定
    - C199 容積率の異なる2以上の地域にわたる場合の減額があるか否かの判定
    - C1910 土地区画整理事業施行中の土地の評価方法の判定
    - C1911 セットバックの評価減を行なうか否かの判定
    - C1912 その他、利用価値が著しく低下している土地に該当しているか否かの確認

土地及び土地の上に存する権利の評価が完了

業務フロー C111
土地の評価の手順

```
対象地の所在の確認      → To C121
        ↓
地目の確認              → To C131
        ↓
地積の確認              → To C141
        ↓
借地権、借家権の権利関係の確認  → To C151
        ↓
共有持分の確認          → To C161
        ↓
評価単位の判定          → To C171
        ↓
評価方法の確認－路線価方式か倍率方式か  → To C181
        ↓
特殊要因の減額の有無の確認    → To C191
        ↓
土地の評価の手順が確定
```

業務フロー C121 対象地の所在の確認

From C111 / To C111

```
名寄帳、固定資産税課税明細、
登記簿全部事項証明書を取得し、所在地番を確認
          ↓
      法務局にて公図の取得
          ↓
      住宅地図等で対象地を特定
          ↓
    対象地の所在の確認が完了
```

業務フロー C131　地目の確認

From C111　　To C111

- 登記簿全部事項証明書で登記地目を確認

- 名寄帳、固定資産税課税明細などで課税地目を確認

- 登記地目・課税地目が実際の地目と一致しているか、現地を確認

- 実際の地目と一致していない場合、現況による地目で評価

地目の確認が完了

業務フロー C 1 4 1 地積の確認

From C 1 1 1 / To C 1 1 1

```
┌─────────────────────────────────────┐
│       実測図の有無の確認              │
└─────────────────────────────────────┘
                 ▼
┌─────────────────────────────────────┐
│       登記地積の確認                  │
└─────────────────────────────────────┘
                 ▼
┌─────────────────────────────────────┐
│ 実測図が無い場合、登記地積が実際の地積と │
│ 相違しているかどうか、建築図面または簡易測量で確認 │
└─────────────────────────────────────┘
                 ▼
┌─────────────────────────────────────┐
│ 一筆の土地の上に異なる評価単位の土地がある場合は、 │
│ 土地家屋調査士に評価単位ごとに地積の測量を依頼    │
└─────────────────────────────────────┘
                 ▼
        地積の確認が完了
```

業務フロー C151 借地権、借家権の権利関係の確認

From C111
To C111

- 貸宅地である場合の権利関係の確認　**To** C152
- 貸家建付地である場合の権利関係の確認　**To** C153

借地権、借家権の権利関係の確認が完了

C 財産評価(1)―土地

業務フロー C 1 5 2
貸宅地である場合の権利関係の確認
From C151 / To C151

- 借地人の建物の登記簿全部事項証明書にて、所有権を確認

▼

- 借地人の建物所有を目的とする「土地賃貸借契約書」を確認

▼

- 地代の収受の確認

▼

- 路線価図（倍率地域の場合は倍率表）で借地権割合の確認

▼

貸宅地である場合の権利関係の確認が完了

業務フロー C153 貸家建付地である場合の権利関係の確認

From C151 / To C151

- 建物利用を目的とする「建物賃貸借契約書」を確認
- 所得税の確定申告、通帳等により、各部屋ごとの家賃の収受の確認
- 路線価図（倍率地域の場合は倍率表）で借地権割合の確認
- 共同住宅の場合、課税時期の前後1ヶ月のみ空室か否かの確認
- 空室部分は継続募集をしていたか否かを確認
- 賃貸割合の確定

貸家建付地である場合の権利関係の確認が完了

C 財産評価(1)－土地　53

業務フロー　C 1 6 1

共有持分の確認

From C 1 1 1
To C 1 1 1

```
登記簿全部事項証明書で持分を確認
          ▼
被相続人の名義ではなく先代の名義のままの場合、
先代の遺産分割協議書や遺言書等から、持分を特定する
          ▼
先代の遺産分割協議書や遺言書等がない場合、いったん法定相続分の
持分として計上し、この遺産分割の確定後、その持分に修正する
          ▼
```

共有持分の確認が完了

判定フロー C171

評価単位の判定

From C111 → To C111

```
同一地目の土地であっても、これを複数の相続人が
区分して相続する場合には、各相続人が取得した
土地ごとに評価する（取得者単位）
          ▼
不合理分割になっていないか確認
          ▼
宅地である ──Yes──┐
    │No          │
    ▼            │
農地である ──Yes──┤ 1利用単位ごとに評価する
    │No          │
    ▼            │
雑種地である ─Yes─┘
    │No
    ▼
1筆ごとに評価する
```

業務フロー C181 評価方法の確認－路線価方式か倍率方式か

From: C111
To: C111

- 路線価図及び倍率表で、対象地が路線価方式か倍率方式かを確認

- 路線価地域の場合、路線価図からの評価手順へ　To C182

- 倍率地域の場合、倍率表からの評価手順へ　To C183

評価方法の確認－路線価方式か倍率方式かの確認が完了

業務フロー C182 路線価図からの評価手順

From C181 / To C181

```
国税庁ホームページ又は財産評価基準書の
「路線価図」から、対象地の路線価図を取得する
          ↓
対象地の路線価を特定する
          ↓
地積測量図、実測図から、奥行距離、
間口距離、想定整形地によるかげ地割合を計測する
          ↓
各種画地補正率を確認する
          ↓
```

路線価図からの評価手順が確定

C　財産評価(1)―土地

業務フロー　C 1 8 3
倍率表からの評価手順

From C181　　To C181

↓

国税庁ホームページ又は財産評価基準書の
「評価倍率表」から、対象地の倍率表を取得する

↓

固定資産税評価額の確認　　To C184

↓

評価地の地目の倍率を倍率表で特定する

↓

雑種地は通常、倍率が無いため、近傍宅地価額を
自治体に照会の上、これを元に評価する　　To C185

↓

倍率表からの評価手順が確定

業務フロー C184 固定資産税評価額の確認

From C183　　To C183

固定資産税課税明細、固定資産税評価証明書等により、
固定資産税評価額を確認

▼

非課税の土地（私道など）の場合は
近傍宅地価額を所在自治体の役所に問合せ、地積を乗じる

▼

課税地目と現況地目が異なる場合、現況の地目の
近傍価額を役所に問合せ、地積を乗じる

▼

固定資産税評価額の確認が完了

C 財産評価(1)―土地　59

業務フロー　C185　倍率の無い雑種地である場合の評価手順

From C183 / To C183

```
固定資産税評価における近傍宅地の
画地補正前の1㎡当たりの評価額を確認
          ▼
倍率表による宅地の倍率を乗じる
          ▼
財産評価基本通達の各種画地補正（側方加算等なし）を行う
          ▼
財産評価基本通達の宅地造成費の控除
          ▼
対象地の建築制限の有無を役所で確認
          ▼
建築制限がある場合はしんしゃくを行う
          ▼
倍率の無い雑種地である場合の評価手順が確定
```

業務フロー C191 特殊要因の減額の有無の確認

From C111
To C111

- 私道である場合のしんしゃくの判定 → To C192
- 都市計画道路予定地である場合の補正率の特定 → To C193
- 高圧線下の土地の場合の控除割合の特定 → To C194
- 広大地に該当するか否かの判定 → To C195
- 無道路地のしんしゃくを行うか否かの判定 → To C198
- 容積率の異なる2以上の地域にわたる場合の減額があるか否かの判定 → To C199
- 土地区画整理事業施行中の土地の評価方法の判定 → To C1910
- セットバックの評価減を行うか否かの判定 → To C1911
- その他、利用価値が著しく低下している土地に該当しているか否かの確認 → To C1912

特殊要因の減額の有無の確認が完了

判定フロー C192 私道である場合のしんしゃくの判定

From C191 / To C191

- その私道は一宅地の専用の通路として利用されている
  - **Yes** → しんしゃくなく宅地と一体評価
  - **No** ↓
- その私道は専ら特定の者の通行の用に供されている
  - **Yes** → しんしゃく割合30%
  - **No** ↓
- 不特定多数の者の通行の用に供されているため評価しない

業務フロー C193 都市計画道路予定地である場合の補正率の確定

From C191　　To C191

```
都市計画図より、道路予定地であることを確認
          ▼
予定地部分の容積率を都市計画図で確認
          ▼
容積率の異なる土地との併用の場合は、加重平均後の容積率になる
          ▼
予定地部分の地区区分を路線価図で確認
          ▼
予定地部分の地積を役所もしくは測量図面で確認
          ▼
適用する補正率を確定する
          ▼
```

都市計画道路予定地である場合の補正率の確定が完了

業務フロー C194 高圧線下の土地の場合の控除割合の確定

From C191 / To C191

- 対象地の上に高圧線が通っていることを現地で確認

↓

- 電力会社との契約書および登記簿全部事項証明書により、利用制限を受ける地積を確認

↓

- 利用制限の内容を確認

↓

- 利用制限は受けるが条件付きで建物が建てられる場合は30％控除で確定

↓

- 利用制限を受ける部分は全く建物が建てられない場合、借地権割合を確認

↓

- 借地権割合と50％のいずれか高い割合を控除

↓

高圧線下の土地の場合の控除割合の確定が完了

判定フロー C195 広大地に該当するか否かの判定

From C191 / To C191

- 市街化区域である等、開発可能地域である
  - **No** → 市街化調整区域等内の土地の開発可否の判定 (To C196)
  - **Yes** ↓
- 現状ファミリーレストラン等の敷地にはなっていないなど、現に有効利用されていない
  - **No** → 現に有効利用されているか否かの判定 (To C197)
  - **Yes** ↓
- 大規模工場用地に該当しない
  - **No** → 広大地に該当しない
  - **Yes** ↓
- マンション適地（原則、容積率が300％以上）ではない、又は既にマンション等の敷地用地として開発を了していない
  - **No** → 広大地に該当しない
  - **Yes** ↓
- その地域における標準的な宅地の地積に比して著しく面積が広大である（地積が500㎡以上など）
  - **No** → 広大地に該当しない
  - **Yes** ↓
- 開発行為を行うとした場合、公共公益的施設用地の負担が必要である
  - **No** → 広大地に該当しない
  - **Yes** ↓
- 広大地に該当

判定フロー C196 市街化調整区域等内の土地の開発可否の判定

From C195
To C195

| 市街化調整区域であるが、都市計画法第34条第11号の規定より、都道府県等が定めた開発行為を行なえる地域である | **No** ▶▶▶ 開発可能地域に該当しない（広大地非該当） |

↓ **Yes**

| 開発可能地域に該当 |

判定フロー　C197
現に有効利用されているか否かの判定

From C195 → / To C195

既にファミリーレストラン等の大規模店舗、ゴルフ練習場などの敷地として利用されているが、戸建住宅が連たんする住宅街にあり、当該利用方法がその地域の標準的使用とは認められない地域に該当する

→ **No** 現に有効利用されている土地に該当（広大地非該当）

↓ **Yes**

現に有効利用されていない土地に該当

判定フロー C198 無道路地のしんしゃくを行うか否かの判定

From C191　　**To** C191

- 対象地と道路との間に自己の所有する土地がある
  - **No** → 無道路地のしんしゃくを行う
  - **Yes** ↓
- 対象地と道路との間の路地状敷地（通路）は建築上の接道義務を満たす2m以上の間口距離がある
  - **No** → 無道路地のしんしゃくを行う
  - **Yes** ↓
- 無道路地のしんしゃくを行わない

判定フロー C199
容積率の異なる2以上の地域にわたる場合の減額があるか否かの判定

From C191 → To C191

```
対象地の基準容積率と指定容積率の
いずれか厳しい方を採用する
          ↓
評価対象地の中に、正面路線に接する部分の     No → 減額調整を行わない
容積率と異なる容積率の部分がある              ※かつ最も高い価額になる路線を正面として評価する
          ↓ Yes
異なる容積率の部分のうち正面路線側の容積率が高い  No →
          ↓ Yes
複数の路線に接している場合で、              No →
正面路線以外のそれぞれの奥行価格補正後の価額のうち、
減額調整後の正面路線より高い価額になる路線は無い
          ↓ Yes
正面路線価より減額調整を行なう
```

判定フロー C 1 9 10 土地区画整理事業施行中の土地の評価方法の判定

From C191　To C191

土地区画整理事業の仮換地が指定されている
- No ▶▶▶ 従前の土地として評価
- Yes ▼

仮換地の造成工事が開始されている
- No ▶▶▶ 従前の土地として評価
- Yes ▼

仮換地の価額によって評価（当該工事完了までまだ1年を超えると見込まれる場合は、更に95％評価）

判定フロー　C 1 9 11
セットバックの評価減を行うか否かの判定

From C191 → To C191

- 接している道路の幅員が4m未満である
  - **No** → セットバックの評価減を行わない
  - **Yes** ↓
- その道路は建築基準法第42条第2項道路である
  - **No** → セットバックの評価減を行わない
  - **Yes** ↓
- 役所で後退線を確認し、後退部分につき70％の評価減を行なう

業務フロー C 1 9 12

その他、利用価値が著しく低下している土地に該当しているか否かの確認

From C 1 9 1 → To C 1 9 1

- 道路面との極端な高低差があるか否かの確認
- 鉄道路線の隣地など、騒音があるか否かの確認
- 養鶏場などの近隣など、臭気があるか否かの確認
- 墓地の隣地など、忌みがあるか否かの確認
- 壁に過去の増水の跡などないか否かの確認
- その他、利用価値の低下になるものがないか否かの確認
- 利用価値低下の要因が既に路線価に考慮済みでないことを確認
- 該当部分は10％減額の対象となるため、場所・地積を特定する

その他、利用価値が著しく低下している土地に該当しているか否かの確認が完了

C 財産評価(2)－家屋

- C211 家屋の評価の手順
    - C221 固定資産税評価額の確認
    - C231 自用・貸家の別による評価倍率の判定

家屋の評価が完了

業務フロー C211
家屋の評価の手順

固定資産税評価額の確認 → To C221

↓

自用・貸家の別による評価倍率の判定 → To C231

↓

評価の手順が確定

C 財産評価(2)－家屋　75

業務フロー C 2 2 1

固定資産税評価額の確認

From C 2 1 1 ／ To C 2 1 1

- 名寄帳、評価証明書、固定資産税課税明細などで確認

▼

- 実際に建っている建物と固定資産税の課税の状況が対応しているか否かの確認

▼

- 課税されていない家屋がある、もしくは課税されていない増改築等がある場合は、固定資産税評価額の付されていない家屋の評価をする

▼

- 建築中の家屋の場合は、固定資産税評価額が付されていないため、投下された費用原価により評価する

▼

固定資産税評価額の確認が完了

判定フロー C231 自用・貸家の別による評価倍率の判定

From C211 → To C211

| 賃貸借契約をしている貸家である | **No** ▶▶▶ 評価倍率 1.0 |

↓ Yes

借家権割合と賃貸割合を考慮した倍率を乗じる
（賃貸割合の確定方法は C153 と同じ）

C 財産評価(3)－小規模宅地の特例

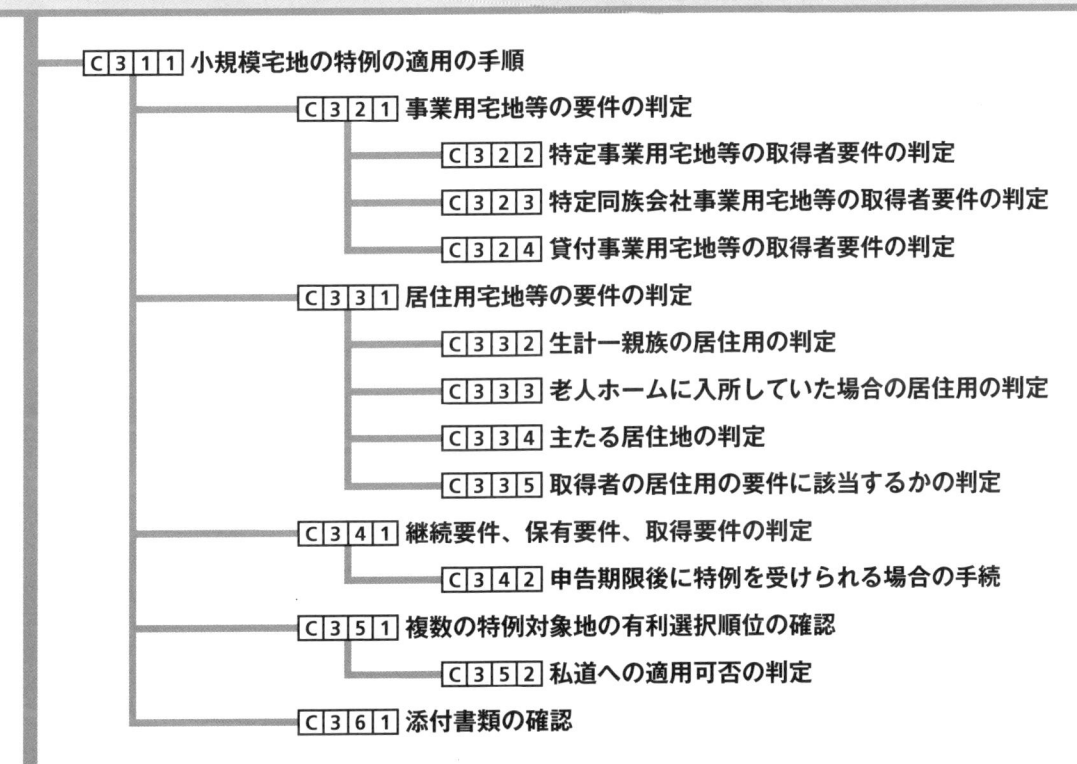

- C311 小規模宅地の特例の適用の手順
  - C321 事業用宅地等の要件の判定
    - C322 特定事業用宅地等の取得者要件の判定
    - C323 特定同族会社事業用宅地等の取得者要件の判定
    - C324 貸付事業用宅地等の取得者要件の判定
  - C331 居住用宅地等の要件の判定
    - C332 生計一親族の居住用の判定
    - C333 老人ホームに入所していた場合の居住用の判定
    - C334 主たる居住地の判定
    - C335 取得者の居住用の要件に該当するかの判定
  - C341 継続要件、保有要件、取得要件の判定
    - C342 申告期限後に特例を受けられる場合の手続
  - C351 複数の特例対象地の有利選択順位の確認
    - C352 私道への適用可否の判定
  - C361 添付書類の確認

小規模宅地の特例の適用が完了

業務フロー C311

小規模宅地の特例の適用の手順

事業用宅地等の要件の判定 — To C321

↓

居住用宅地等の要件の判定 — To C331

↓

継続要件、保有要件、取得要件の判定 — To C341

↓

複数の特例対象地の有利選択順位の確認 — To C351

↓

添付書類の確認 — To C361

↓

適用の手順が確定

C　財産評価(3)－小規模宅地の特例　79

判定フロー C321

事業用宅地等の要件の判定

From C311
To C311

- 対象宅地等を不動産貸付業等の事業の用に供している → **No** → 特定事業用宅地等の取得者要件の判定　To C322
- ↓ **Yes**
- 賃借人は同族会社ではない → **No** → 特定同族会社事業用宅地等の取得者要件の判定　To C323
- ↓ **Yes**
- 土地の上にある家屋を貸し付けておらず、駐車場として貸し付けている → **No** → 貸付事業用宅地等の取得者要件の判定　To C324
- ↓ **Yes**
- 構築物等の資本投下がなく青空駐車場である → **No** ↗
- ↓ **Yes**
- 小規模特例の適用不可

C(3)

判定フロー C322 特定事業用宅地等の取得者要件の判定

From C321 → To C311

被相続人の不動産貸付業以外の事業用に供されていた宅地等で、取得者が当該事業を承継している → **Yes** → 小規模特例の適用可能

↓ **No**

被相続人と生計一の親族の不動産貸付業以外の事業用に供されていた宅地等で、当該親族が取得している → **Yes** → 小規模特例の適用可能

↓ **No**

小規模特例の適用不可

C 財産評価(3)―小規模宅地の特例

判定フロー C323

特定同族会社事業用宅地等の取得者要件の判定

From C321 / To C311

- 同族会社の親族で持株割合が50％超である法人である
  - No → 貸付事業用宅地等の取得者要件の判定 (To C324)
  - Yes ↓
- 同族会社の不動産貸付業以外の事業用に供されていた宅地等である
  - No → 貸付事業用宅地等の取得者要件の判定
  - Yes ↓
- その会社の役員である親族が取得者である
  - No → 小規模特例の適用不可
  - Yes ↓
- 小規模特例の適用可能

判定フロー C324 貸付事業用宅地等の取得者要件の判定

From: C321, C323
To: C311

- 被相続人の貸付事業用に供されていた宅地等で、取得者がその事業を承継している → **Yes** → 小規模特例の適用可能
- ↓ **No**
- 被相続人と生計一の親族の貸付事業用に供されていた宅地等で、その者自身が取得者である → **Yes** → 小規模特例の適用可能
- ↓ **No**
- 小規模特例の適用不可

判定フロー C331 居住用宅地等の要件の判定

From: C311
To: C311

- その宅地は被相続人と生計を一にする親族の居住の用に供されていた土地ではない
  - No → 生計一親族の居住用の判定（To C332）
  - Yes ↓
- 被相続人は老人ホームに入所していない
  - No → 老人ホームに入所していた場合の居住用の判定（To C333）
  - Yes ↓
- 被相続人の居住用の宅地等は2以上ない
  - No → 主たる居住地の判定（To C334）
  - Yes ↓
- 取得者の居住用の要件に該当するかの判定をし、取得者の要件を満たしている
  - No → 取得者の居住用の要件に該当するかの判定（To C335）
  - Yes ↓
- 小規模特例の適用可能

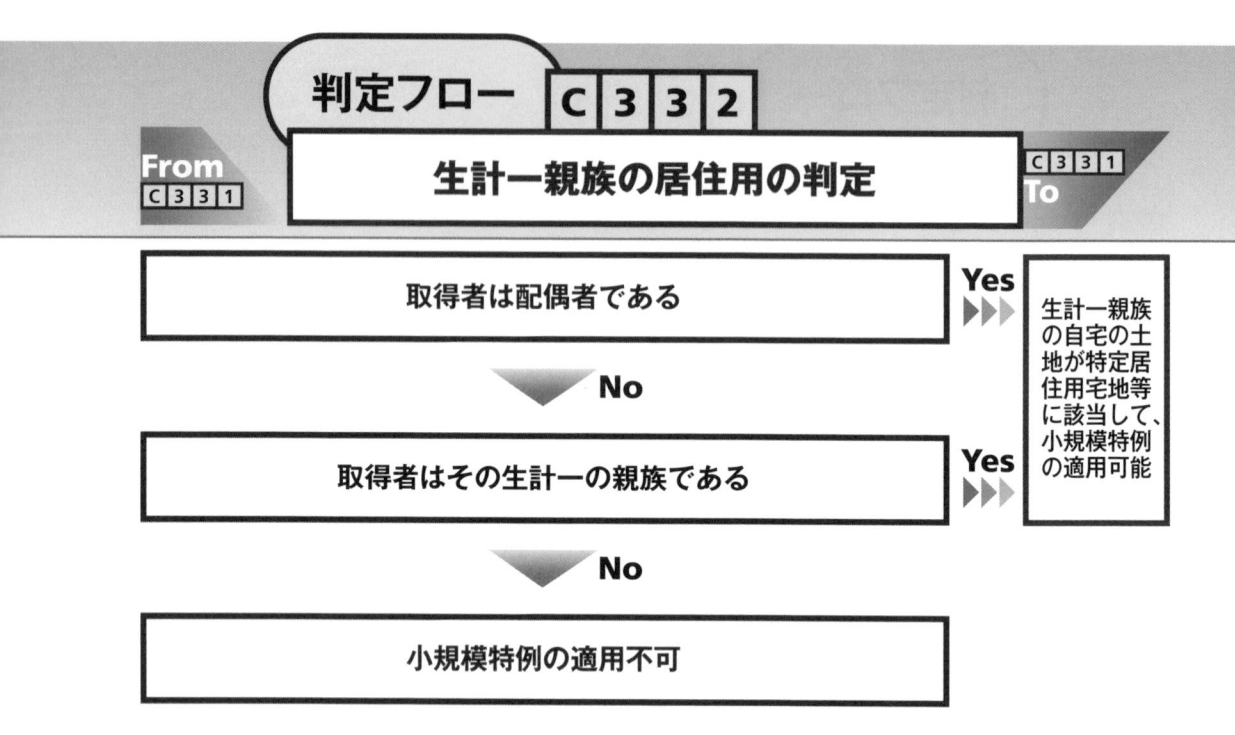

判定フロー C332 生計一親族の居住用の判定

(From C331 / To C331)

- 取得者は配偶者である → **Yes** → 生計一親族の自宅の土地が特定居住用宅地等に該当して、小規模特例の適用可能
- ↓ **No**
- 取得者はその生計一の親族である → **Yes** → 生計一親族の自宅の土地が特定居住用宅地等に該当して、小規模特例の適用可能
- ↓ **No**
- 小規模特例の適用不可

判定フロー C333 老人ホームに入所していた場合の居住用の判定

From C331 → To C331

- 特別養護老人ホームに入所していない → No → 特定居住用宅地等に該当して、小規模特例の適用可能
- ↓ Yes
- 介護を受ける必要があるため有料老人ホームに入所した → No → 小規模特例の適用不可
- ↓ Yes
- 被相続人がいつでも戻って生活できるよう維持管理されていた → No → 小規模特例の適用不可
- ↓ Yes
- 入所後その建物は、あらたに他の者の居住用、その他の用にしていない → No → 小規模特例の適用不可
- ↓ Yes
- その老人ホームは、所有権又は終身利用権が取得されたものでない → No → 小規模特例の適用不可
- ↓ Yes
- 特定居住用宅地等に該当して、小規模特例の適用可能

※ 平成25年12月31日までの判定項目

判定フロー C334 主たる居住地の判定

From C331 / To C331

被相続人が生活していた居住地が複数ある場合、生活実態などから、主として居住の用に供していた土地である

- **No** → 特定居住用宅地等に該当しないため、小規模特例の適用不可
- **Yes** → 主たる居住地の土地のみ特定居住用宅地等に該当し、小規模特例の適用可能

判定フロー C335 取得者の居住用の要件に該当するかの判定

From: C331
To: C331

```
┌─────────────────────────────────────────┐
│ 特定居住用宅地等である場合              │
└─────────────────────────────────────────┘
                 ▼
┌─────────────────────────────────────────┐   Yes
│ 取得者は配偶者である                    │ ▶▶▶ ┐
└─────────────────────────────────────────┘     │
                 ▼ No                           │
┌─────────────────────────────────────────┐   Yes  取得者の要件
│ 被相続人の居住地であり、同居親族がおり、│ ▶▶▶  を満たすため、
│ その同居親族が取得者である              │     小規模特例の
└─────────────────────────────────────────┘     適用可能
                 ▼ No                           │
┌─────────────────────────────────────────┐   Yes  │
│ 被相続人の居住地であり、同居親族がなく、│ ▶▶▶ ┘
│ 自己所有（その配偶者所有を含む）の居住用│
│ 家屋がない者で一定の者が取得者である    │
└─────────────────────────────────────────┘
                 ▼ No
┌─────────────────────────────────────────┐
│ 小規模特例の適用不可                    │
└─────────────────────────────────────────┘
```

判定フロー C341

継続要件、保有要件、取得要件の判定

From C311 / To C311

- 居住もしくは事業の継続要件を満たしている
  - No ▶▶▶ 小規模特例の適用不可
  - Yes ▼

- 申告期限までの保有継続要件を満たしている
  - No ▶▶▶ 小規模特例の適用不可
  - Yes ▼

- 遺言書もしくは遺産分割協議書により申告期限までに取得者が確定している
  - No ▶▶▶ 申告期限後に特例を受けられる場合の手続 To C342
  - Yes ▼

- 小規模特例の適用可能

C 財産評価(3)－小規模宅地の特例　89

業務フロー C 3 4 2 申告期限後に特例を受けられる場合の手続

From: C 3 4 1
To: C 3 1 1 / C 3 4 1

```
┌─────────────────────────────────────────┐
│  申告期限までに取得者が確定していない       │
└─────────────────────────────────────────┘
                    ▼
┌─────────────────────────────────────────┐
│  申告期限までに分割見込書を提出する         │
└─────────────────────────────────────────┘
                    ▼
┌─────────────────────────────────────────┐
│  3年以内に遺産分割が確定した場合は、        │
│  4ヶ月以内に更正の請求を行なう              │
└─────────────────────────────────────────┘
                    ▼
┌─────────────────────────────────────────┐
│ 3年以内に遺産分割が確定しない場合で、やむを得ない事由がある │
│ 場合は、3年経過日の翌日から2ヶ月以内に再延長の申請を行なう │
└─────────────────────────────────────────┘
                    ▼
┌─────────────────────────────────────────┐
│  再延長の期間内に遺産分割が確定した場合は、 │
│  4ヶ月以内に更正の請求を行なう              │
└─────────────────────────────────────────┘
                    ▼
```

分割確定時に、遡及して小規模特例の適用可能

業務フロー C351 複数の特例対象地の有利選択順位の確認

From C311
To C311

↓

特例適用の対象地が確定

↓

私道への適用可否の判定 — To C352

↓

1棟の建物のうち複数の特例対象がある場合は、床面積で対象地積を按分

↓

各特例対象地を限度面積400㎡に換算し、1㎡当りの評価額を算出

↓

特例対象地の1㎡当りの評価額の有利な部分から選択適用

↓

複数の特例対象地の有利選択順位の確認が完了

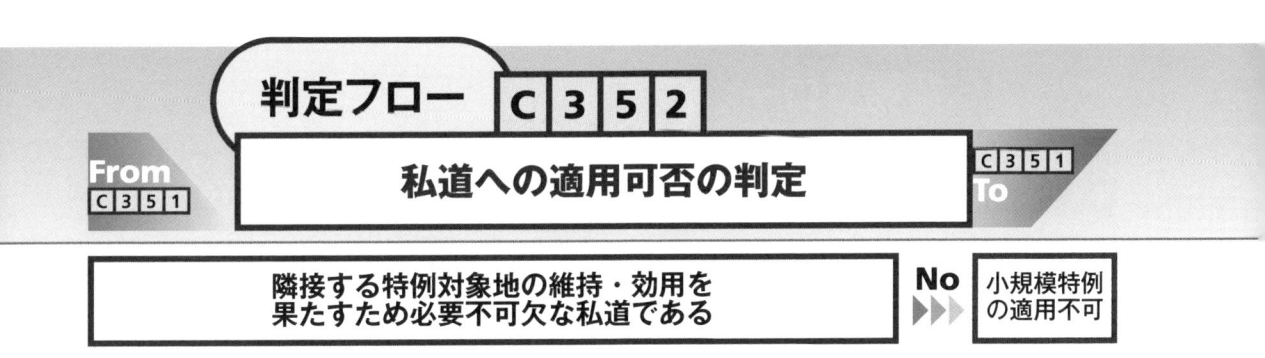

判定フロー C352 私道への適用可否の判定

From C351 / To C351

隣接する特例対象地の維持・効用を果たすため必要不可欠な私道である

→ **No** → 小規模特例の適用不可

↓ **Yes**

小規模特例の適用可能

業務フロー C361

添付書類の確認

From C311 / To C311

- 計算明細書の作成
- 戸籍謄本等の添付
- 遺言書または遺産分割協議書の写しの添付
- その他、特例ごとの一定の必要書類の添付
- 申告期限までに添付書類を整備

添付書類の確認が完了

C 財産評価⑷－取引相場のない株式

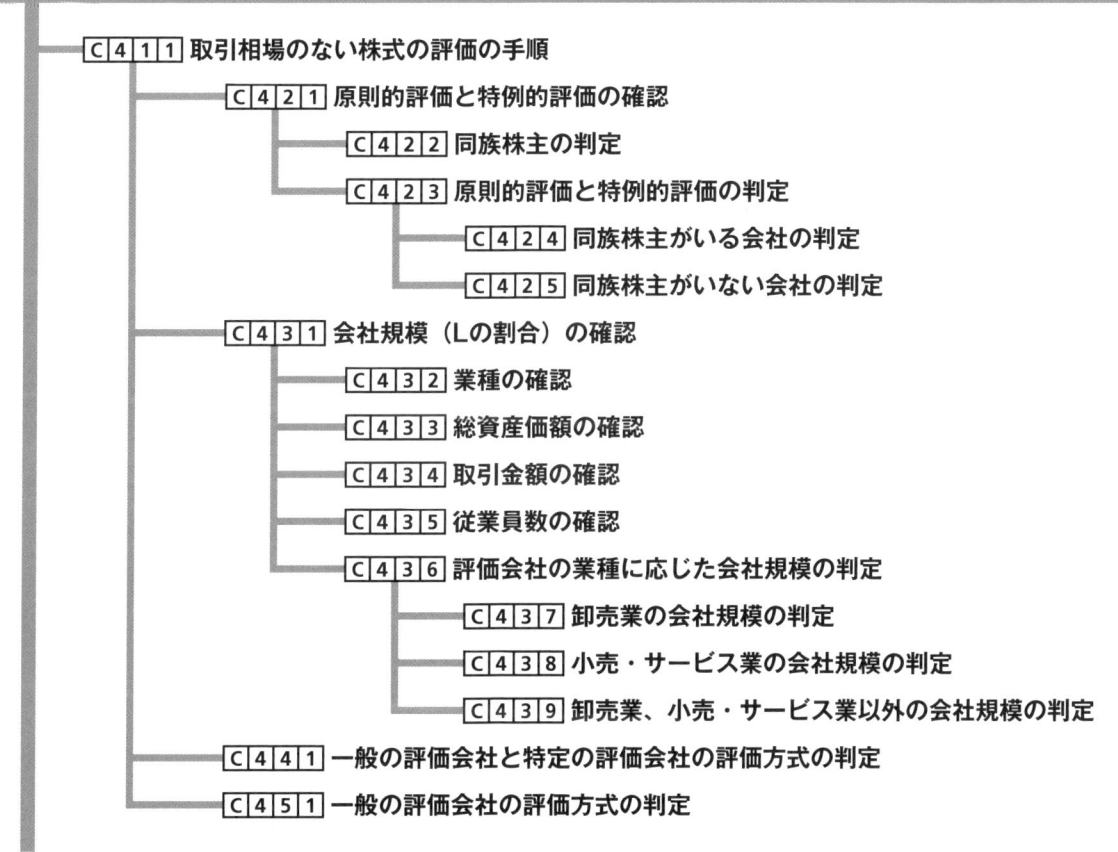

- C411 取引相場のない株式の評価の手順
  - C421 原則的評価と特例的評価の確認
    - C422 同族株主の判定
    - C423 原則的評価と特例的評価の判定
      - C424 同族株主がいる会社の判定
      - C425 同族株主がいない会社の判定
  - C431 会社規模（Lの割合）の確認
    - C432 業種の確認
    - C433 総資産価額の確認
    - C434 取引金額の確認
    - C435 従業員数の確認
    - C436 評価会社の業種に応じた会社規模の判定
      - C437 卸売業の会社規模の判定
      - C438 小売・サービス業の会社規模の判定
      - C439 卸売業、小売・サービス業以外の会社規模の判定
  - C441 一般の評価会社と特定の評価会社の評価方式の判定
  - C451 一般の評価会社の評価方式の判定

取引相場のない株式の評価が完了

業務フロー C411
取引相場のない株式の評価の手順

原則的評価と特例的評価の確認 → To C421

↓

会社規模（Lの割合）の確認 → To C431

↓

類似業種比準価額及び純資産価額の算定

↓

一般の評価会社と特定の評価会社の評価方式の判定 → To C441

↓

一般の評価会社の評価方式の判定 → To C451

↓

評価の手順が確定

業務フロー C421 原則的評価と特例的評価の確認

From C411
To C411

→ 相続後の各株主の議決権割合を確認

→ 同族株主の判定　To C422

→ 原則的評価と特例的評価の判定　To C423

→ **原則的評価と特例的評価の確認が完了**

判定フロー C422 同族株主の判定

From C421 → To C421

- 株主の1人と同族関係者で30%以上の議決権割合を有している → **No** → 同族株主に該当しない
- ↓ **Yes**
- 株主の1人と同族関係者で50%超の議決権割合を有している → **No** → 30%以上のグループは全て同族株主に該当する
- ↓ **Yes**
- 50%超のグループのみが同族株主に該当する

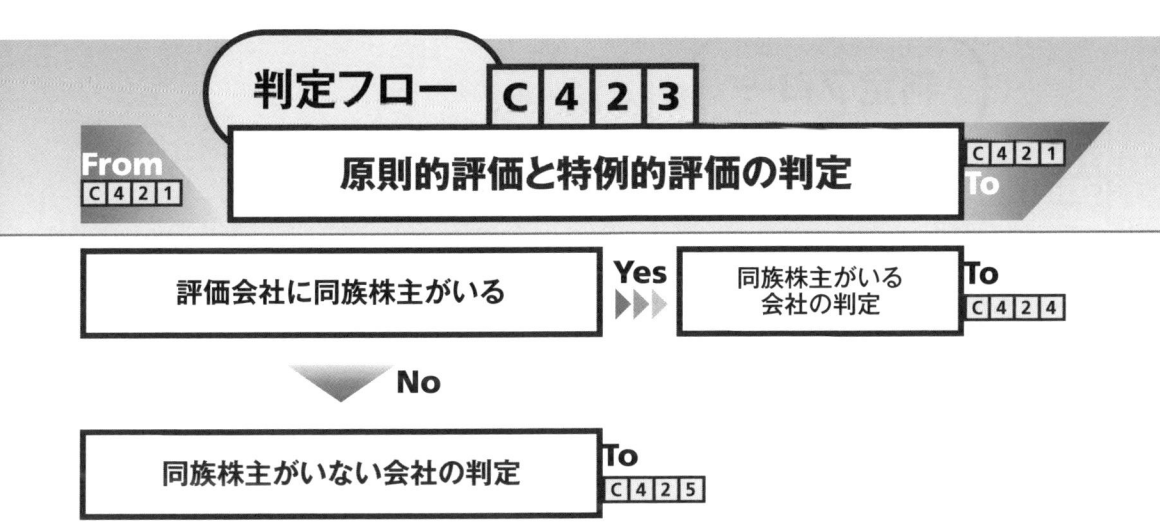

判定フロー C423 原則的評価と特例的評価の判定

From: C421
To: C421

評価会社に同族株主がいる —**Yes**→ 同族株主がいる会社の判定　To C424

↓ **No**

同族株主がいない会社の判定　To C425

判定フロー C424 同族株主がいる会社の判定

From C423 → To C421

納税義務者が同族株主以外の株主である	Yes → 特例的評価（配当還元方式）
↓ No	
納税義務者の議決権割合が5%以上である	Yes → 原則的評価（類似業種比準価額と純資産価額を基準とした方式）
↓ No	
納税義務者が評価会社の役員である	Yes → 原則的評価（類似業種比準価額と純資産価額を基準とした方式）
↓ No	
納税義務者が中心的な同族株主である	Yes → 原則的評価（類似業種比準価額と純資産価額を基準とした方式）
↓ No	
評価会社に中心的な同族株主がいない	Yes → 原則的評価（類似業種比準価額と純資産価額を基準とした方式）
↓ No	
特例的評価（配当還元方式）	

C 財産評価(4)－取引相場のない株式

判定フロー C425 同族株主がいない会社の判定

From C423 / To C421

- 納税義務者グループの議決権割合が15％未満である → **Yes** 特例的評価（配当還元方式）
- ↓ No
- 納税義務者の議決権割合が5％以上である → **Yes** 原則的評価（類似業種比準価額と純資産価額を基準とした方式）
- ↓ No
- 納税義務者が評価会社の役員である → **Yes** 原則的評価（類似業種比準価額と純資産価額を基準とした方式）
- ↓ No
- 納税義務者が中心的な株主である → **Yes** 原則的評価（類似業種比準価額と純資産価額を基準とした方式）
- ↓ No
- 評価会社に中心的な株主がいない → **Yes** 原則的評価（類似業種比準価額と純資産価額を基準とした方式）
- ↓ No
- 特例的評価（配当還元方式）

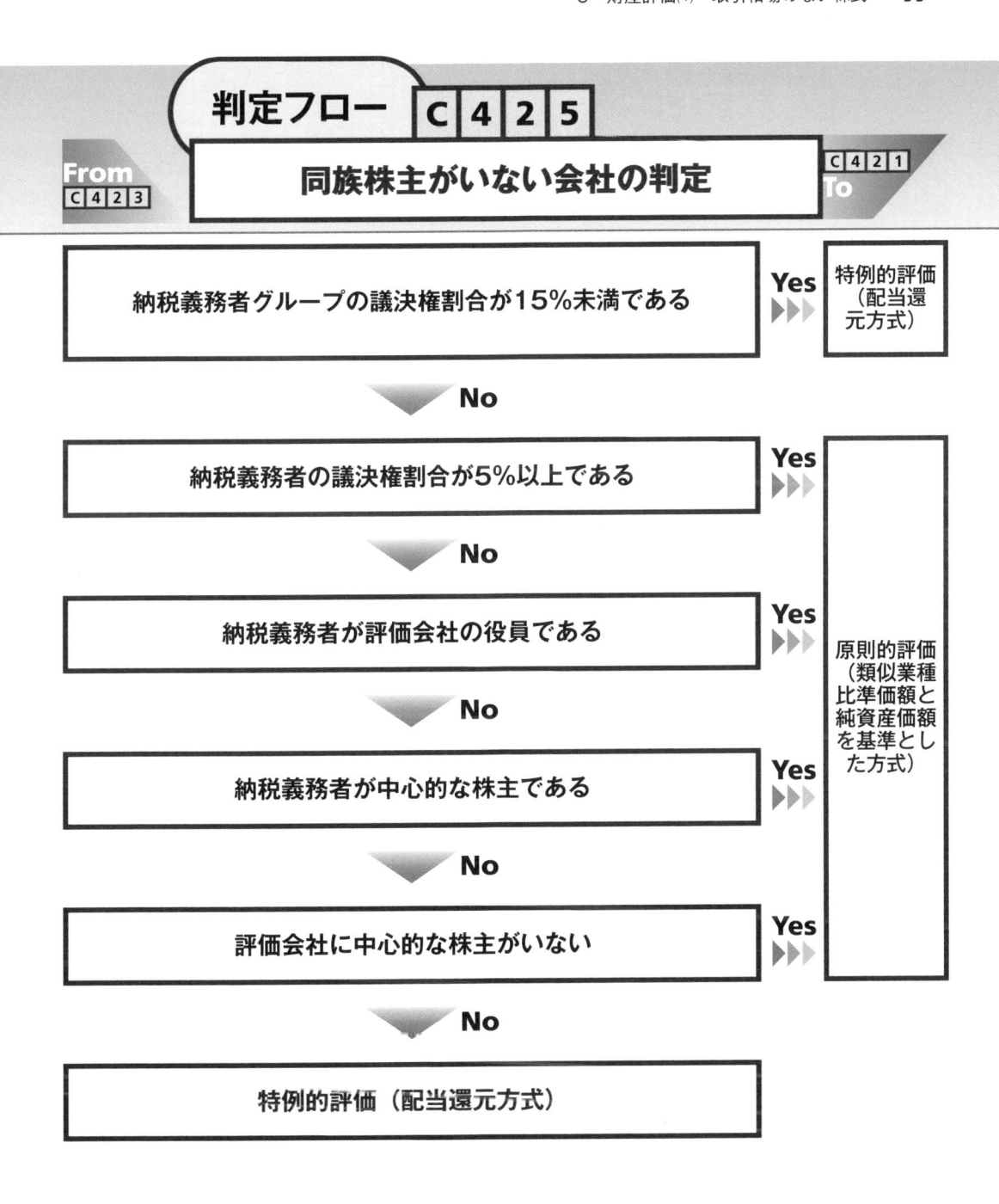

業務フロー C431 会社規模（Lの割合）の確認

From C411
To C411

- 業種の確認 — To C432
- 総資産価額の確認 — To C433
- 取引金額の確認 — To C434
- 従業員数の確認 — To C435
- 評価会社の業種に応じた会社規模の判定 — To C436

会社規模（Lの割合）の確認が完了

業務フロー　C432　業種の確認

From C431 / To C431

申告書、決算書、登記簿謄本等から業種を確認

↓

日本標準産業分類の分類項目と類似業種比準価額計算上の業種目との対比表で業種を確認

↓

業種の確認が完了

業務フロー C433 総資産価額の確認

From C431 → To C431

```
直前期末の貸借対照表の総資産価額（帳簿価額）を確認
        ↓
固定資産の減価償却累計額を間接法で表示している場合、
減価償却累計額を控除する
        ↓
売掛金、受取手形、貸付金等の貸倒引当金は控除しない
        ↓
総資産価額の確認が完了
```

業務フロー C434 取引金額の確認

From C431
To C431

↓

直前期末以前1年間における売上高を確認

↓

売上高に評価会社が目的とする事業以外の売上が含まれている場合は控除する

↓

売上高以外の項目に、評価会社が目的とする事業の売上が含まれている場合は加算する

↓

取引金額の確認が完了

業務フロー C435 従業員数の確認

From C431 / To C431

評価会社の特定の役員（代表取締役、副社長、専務、常務、監査役等）を除いた従業員数（平取締役を含む）の計算

↓

継続勤務従業員の数及びそれ以外の者の労働時間による人数換算の把握

↓

従業員数の確認が完了

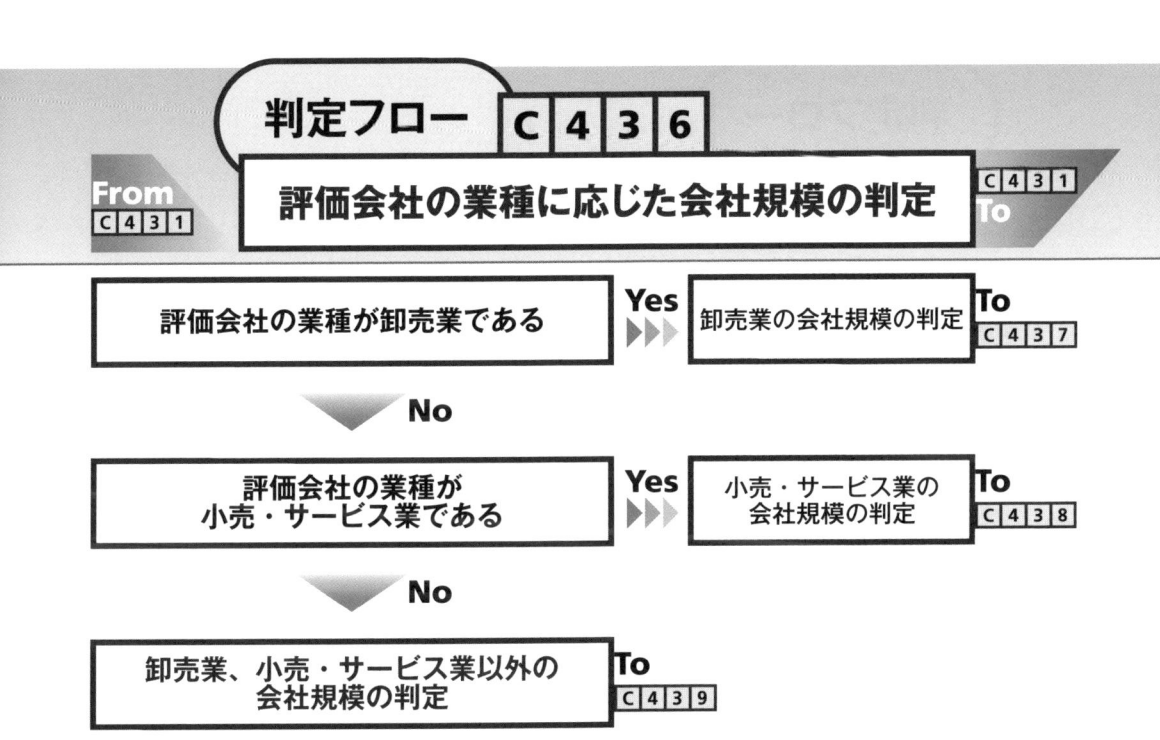

判定フロー C436 評価会社の業種に応じた会社規模の判定

From C431
To C431

- 評価会社の業種が卸売業である → **Yes** → 卸売業の会社規模の判定 → To C437
- **No** ↓
- 評価会社の業種が小売・サービス業である → **Yes** → 小売・サービス業の会社規模の判定 → To C438
- **No** ↓
- 卸売業、小売・サービス業以外の会社規模の判定 → To C439

判定フロー C437 卸売業の会社規模の判定

From C436 / To C431

- 従業員数が100人以上である → Yes → **大会社**
- No ↓
- 取引金額が80億円以上である → Yes → **大会社**
- No ↓
- 総資産価額が20億円以上、かつ、従業員数が50人超である → Yes → **大会社**
- No ↓
- 取引金額が50億円以上である → Yes → **中会社（L=0.90）**
- No ↓
- 総資産価額が14億円以上、かつ、従業員数が50人超である → Yes → **中会社（L=0.90）**
- No ↓
- 取引金額が25億円以上である → Yes → **中会社（L=0.75）**
- No ↓
- 総資産価額が7億円以上、かつ、従業員数が30人超である → Yes → **中会社（L=0.75）**
- No ↓
- 取引金額が2億円以上である → Yes → **中会社（L=0.60）**
- No ↓
- 総資産価額が7,000万円以上かつ、従業員数が5人超である → Yes → **中会社（L=0.60）**
- No ↓
- **小会社**

C 財産評価(4)－取引相場のない株式　107

判定フロー C438　小売・サービス業の会社規模の判定

From C436 / To C431

- 従業員数が100人以上である → **Yes** → 大会社
  - **No** ↓
- 取引金額が20億円以上である → **Yes** → 大会社
  - **No** ↓
- 総資産価額が10億円以上、かつ、従業員数が50人超である → **Yes** → 大会社
  - **No** ↓
- 取引金額が12億円以上である → **Yes** → 中会社（L=0.90）
  - **No** ↓
- 総資産価額が7億円以上、かつ、従業員数が50人超である → **Yes** → 中会社（L=0.90）
  - **No** ↓
- 取引金額が6億円以上である → **Yes** → 中会社（L=0.75）
  - **No** ↓
- 総資産価額が4億円以上かつ、従業員数が30人超である → **Yes** → 中会社（L=0.75）
  - **No** ↓
- 取引金額が6,000万円以上である → **Yes** → 中会社（L=0.60）
  - **No** ↓
- 総資産価額が4,000万円以上、かつ、従業員数が5人超である → **Yes** → 中会社（L=0.60）
  - **No** ↓
- 小会社

判定フロー C439 卸売業、小売・サービス業以外の会社規模の判定

From C436 / To C431

- 従業員数が100人以上である → **Yes** → 大会社
  - ↓ No
- 取引金額が20億円以上である → **Yes** → 大会社
  - ↓ No
- 総資産価額が10億円以上、かつ、従業員数が50人超である → **Yes** → 大会社
  - ↓ No
- 取引金額が14億円以上である → **Yes** → 中会社（L=0.90）
  - ↓ No
- 総資産価額が7億円以上、かつ、従業員数が50人超である → **Yes** → 中会社（L=0.90）
  - ↓ No
- 取引金額が7億円以上である → **Yes** → 中会社（L=0.75）
  - ↓ No
- 総資産価額が4億円以上、かつ、従業員数が30人超である → **Yes** → 中会社（L=0.75）
  - ↓ No
- 取引金額が8,000万円以上である → **Yes** → 中会社（L=0.60）
  - ↓ No
- 総資産価額が5,000万円以上、かつ、従業員数が5人超である → **Yes** → 中会社（L=0.60）
  - ↓ No
- 小会社

判定フロー C441 一般の評価会社と特定の評価会社の評価方式の判定

From C411 / To C411

- 清算中の会社である → **Yes** → 特定の評価会社として、清算分配見込金額で評価
- ↓ **No**
- 開業前又は休業中の会社である → **Yes** → 特定の評価会社として、純資産価額方式で評価
- ↓ **No**
- 開業後3年未満の会社又は比準要素数0の会社である → **Yes** → 特定の評価会社として、純資産価額方式で評価
- ↓ **No**
- 土地保有特定会社である → **Yes** → 特定の評価会社として、純資産価額方式で評価
- ↓ **No**
- 株式保有特定会社である → **Yes** → 特定の評価会社として、純資産価額方式で評価 ※S1+S2方式を選択可能
- ↓ **No**
- 比準要素数1の会社である → **Yes** → 特定の評価会社として、純資産価額方式で評価 ※Lの割合＝0.25による併用方式を選択可能
- ↓ **No**
- 一般の評価会社に該当する

判定フロー C451 一般の評価会社の評価方式の判定

From C411 → To C411

- 大会社に該当する → **Yes** → 類似業種比準方式で評価
  ※純資産価額を選択可能
- ↓ **No**
- 中会社に該当する → **Yes** → 類似業種比準価額×Lの割合＋純資産価額×（1－Lの割合）による併用方式で評価
  ※純資産価額を選択可能
- ↓ **No**
- 純資産価額方式で評価
  ※「類似業種比準価額×0.5＋純資産価額×0.5」を選択可能

C 財産評価(5)－金融資産

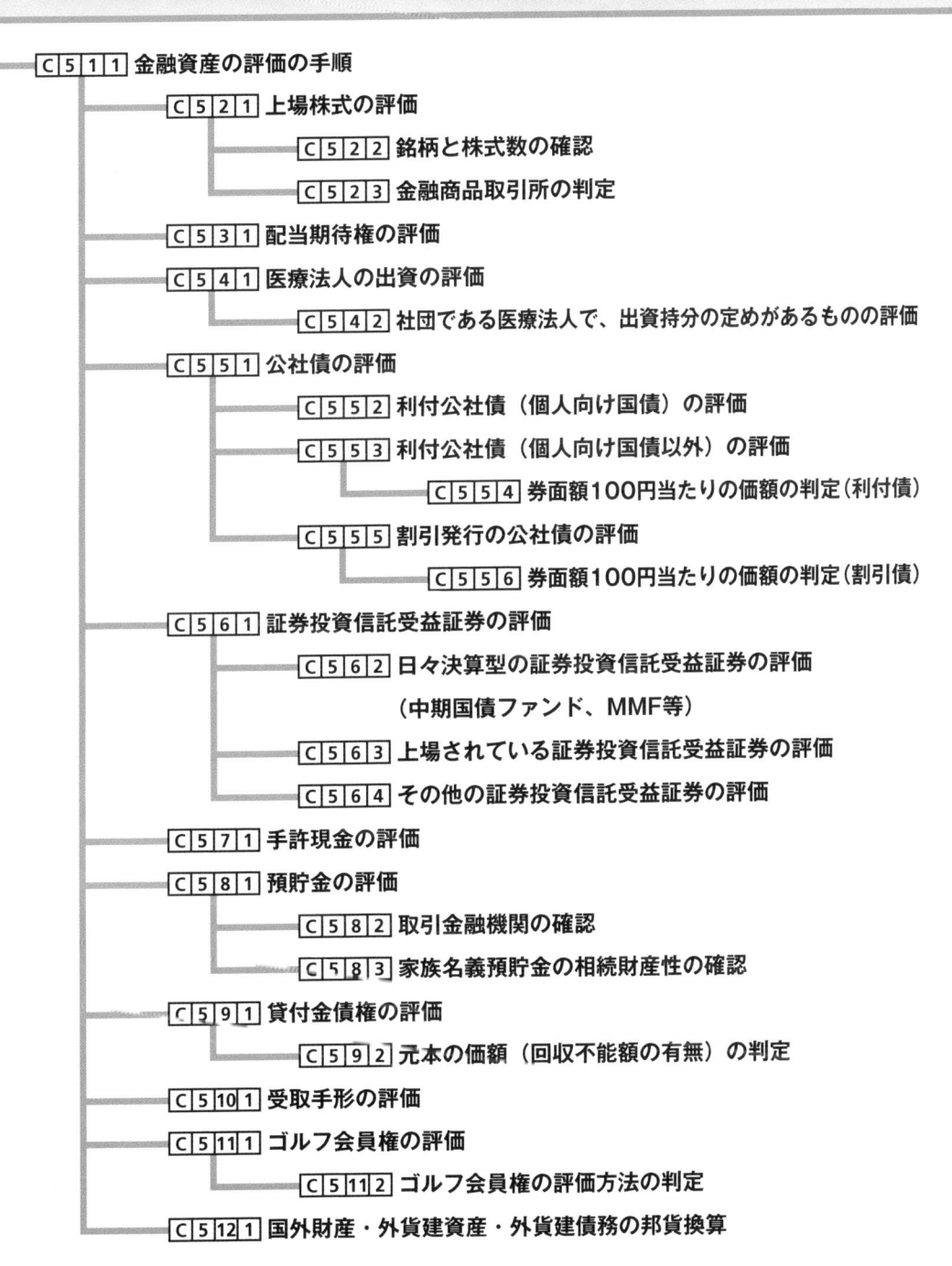

- C511 金融資産の評価の手順
  - C521 上場株式の評価
    - C522 銘柄と株式数の確認
    - C523 金融商品取引所の判定
  - C531 配当期待権の評価
  - C541 医療法人の出資の評価
    - C542 社団である医療法人で、出資持分の定めがあるものの評価
  - C551 公社債の評価
    - C552 利付公社債（個人向け国債）の評価
    - C553 利付公社債（個人向け国債以外）の評価
      - C554 券面額100円当たりの価額の判定（利付債）
    - C555 割引発行の公社債の評価
      - C556 券面額100円当たりの価額の判定（割引債）
  - C561 証券投資信託受益証券の評価
    - C562 日々決算型の証券投資信託受益証券の評価（中期国債ファンド、MMF等）
    - C563 上場されている証券投資信託受益証券の評価
    - C564 その他の証券投資信託受益証券の評価
  - C571 手許現金の評価
  - C581 預貯金の評価
    - C582 取引金融機関の確認
    - C583 家族名義預貯金の相続財産性の確認
  - C591 貸付金債権の評価
    - C592 元本の価額（回収不能額の有無）の判定
  - C5101 受取手形の評価
  - C5111 ゴルフ会員権の評価
    - C5112 ゴルフ会員権の評価方法の判定
  - C5121 国外財産・外貨建資産・外貨建債務の邦貨換算

金融資産の評価が完了

業務フロー C511

金融資産の評価の手順

- 上場株式の評価 → To C521
- 配当期待権の評価 → To C531
- 医療法人の出資の評価 → To C541
- 公社債の評価 → To C551
- 証券投資信託受益証券の評価 → To C561
- 手許現金の評価 → To C571
- 預貯金の評価 → To C581
- 貸付金債権の評価 → To C591
- 受取手形の評価 → To C5101
- ゴルフ会員権の評価 → To C5111
- 国外財産・外貨建資産・外貨建債務の邦貨換算 → To C5121

金融資産の評価が完了

C 財産評価(5)－金融資産　113

業務フロー　C 5 2 1　上場株式の評価

From　C 5 1 1
To　C 5 1 1

- 銘柄と株式数の確認　　To C 5 2 2
- 金融商品取引所の判定　　To C 5 2 3
- 課税時期の最終価格の算定
- 課税時期の属する月の毎日の最終価格の月平均額の算定
- 課税時期の属する月の前月の毎日の最終価格の月平均額の算定
- 課税時期の属する月の前々月の毎日の最終価格の月平均額の算定

上場株式の評価が完了

業務フロー C522 銘柄と株式数の確認

From C521
To C521

- 証券会社の取引報告書、株主総会のお知らせ、配当金計算通知書等から所有銘柄を確認する

↓

- 証券会社から課税時期の残高証明書を入手する

↓

- 株主名簿管理人（信託銀行等）から課税時期前後の株主名簿残高証明書を入手する

↓

- 株主名簿管理人（同）から課税時期の特別口座残高証明書を入手する

↓

銘柄と株式数の確認が完了

判定フロー C523

金融商品取引所の判定

From C521 → To C521

- 評価会社が上場している取引所が1つである → **Yes** → その取引所で評価
- ↓ **No**
- 課税時期に最終価格がある取引所が1つである → **Yes** → 最終価格がある取引所で評価
- ↓ **No**
- 複数の取引所の内、課税時期に最も近い日に最終価格がある取引所が1つである → **Yes** → 課税時期に最も近い日に最終価格がある取引所で評価
- ↓ **No**
- 課税時期に取引価格がある複数の取引所から取引価格が最小の取引所を選択

判定フロー C531 配当期待権の評価

From C511 → To C511

- 課税時期が配当金交付の基準日の翌日から配当金交付の効力が発生する日までの間にある → **Yes** 配当期待権を財産計上
- ↓ **No**
- 課税時期が配当金交付の効力が発生する日の翌日から配当金を受け取る日までの間にある → **Yes** 未収配当金を財産計上
- ↓ **No**
- 配当期待権・未収配当金の財産計上は不要

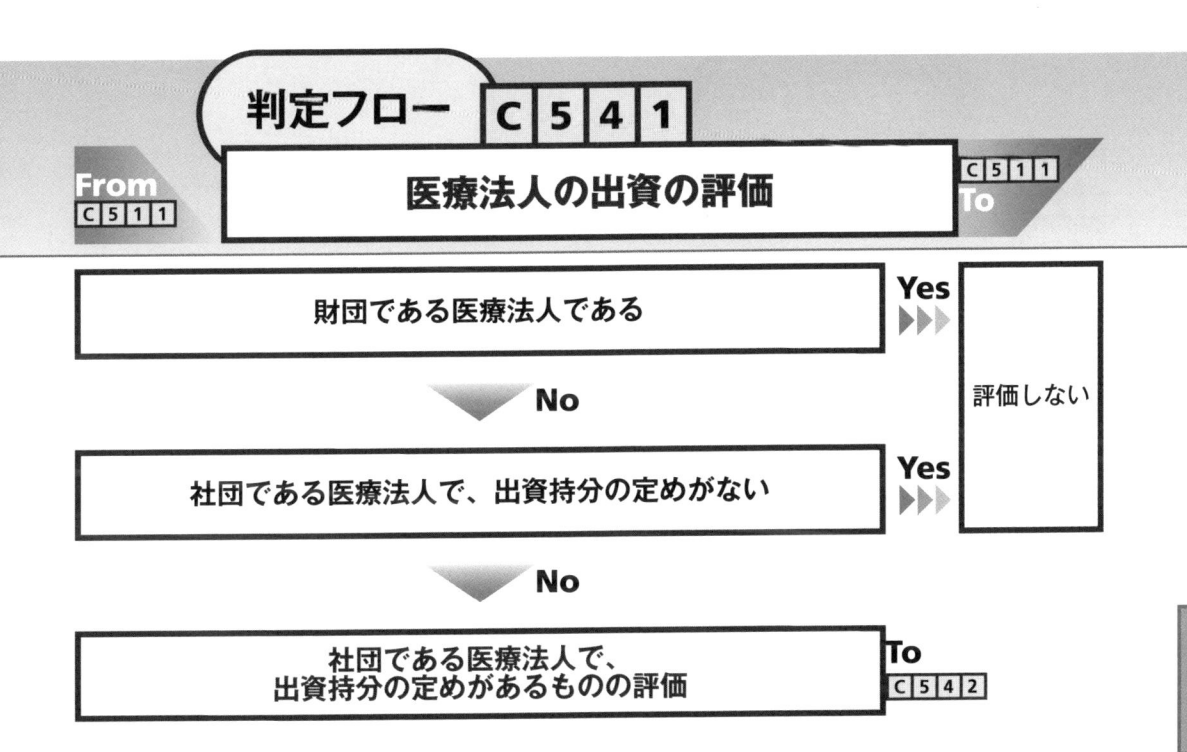

判定フロー C541 医療法人の出資の評価

From: C511
To: C511

- 財団である医療法人である → **Yes** → 評価しない
- ↓ **No**
- 社団である医療法人で、出資持分の定めがない → **Yes** → 評価しない
- ↓ **No**
- 社団である医療法人で、出資持分の定めがあるものの評価 → To C542

業務フロー C542 社団である医療法人で、出資持分の定めがあるものの評価

From C541 / To C511

- 取引相場のない株式の評価方式に準じて評価する
- 配当還元方式の適用はなく、同族株主等の判定は不要
- 会社規模の判定等とそれによる評価方式の区分は「小売・サービス業」の基準により行う
- 類似業種比準価額を計算する場合の業種目は「その他の産業」となる
- 類似業種比準価額は、分子から配当金の要素を除き、分母を4として計算をする
- 純資産価額は80％評価の適用なし

社団である医療法人で、出資持分の定めがあるものの評価が完了

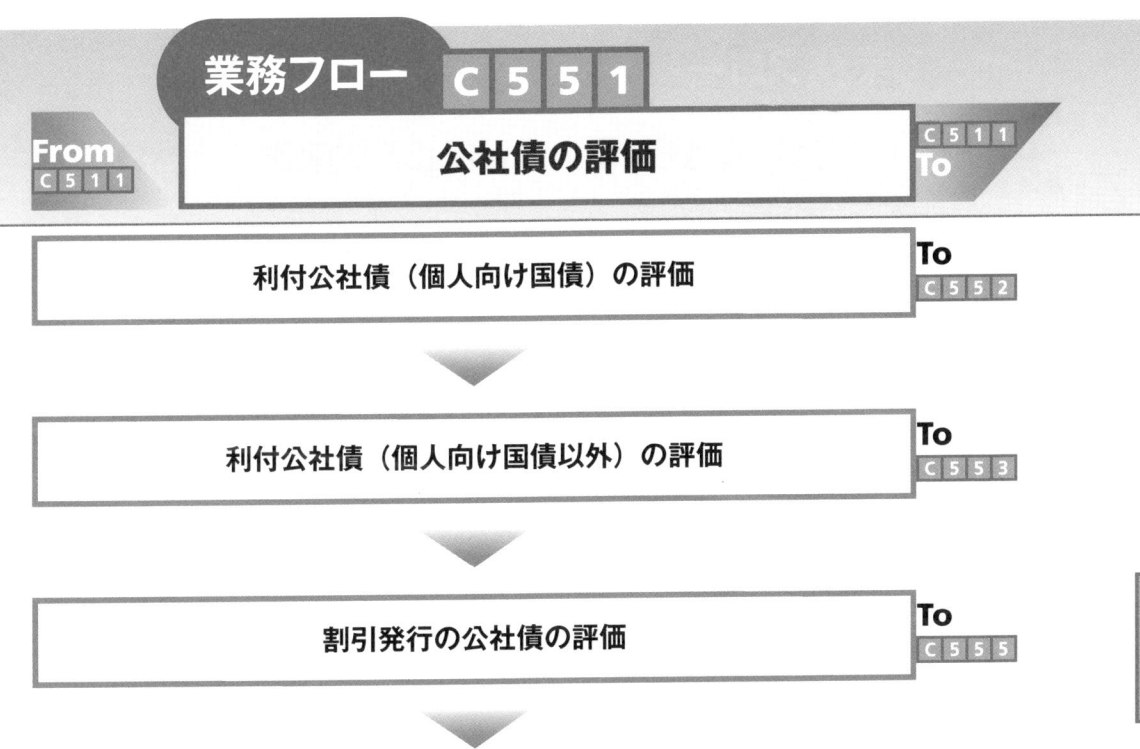

業務フロー C551 公社債の評価

From: C511
To: C511

- 利付公社債（個人向け国債）の評価　To C552
- 利付公社債（個人向け国債以外）の評価　To C553
- 割引発行の公社債の評価　To C555

公社債の評価が完了

業務フロー C552 利付公社債（個人向け国債）の評価

From C551
To C551

```
額面金額の確認
   ↓
既経過利子相当額を加算
   ↓
中途換金調整額を控除
   ↓
利付公社債（個人向け国債）の評価が完了
```

業務フロー C553 利付公社債（個人向け国債以外）の評価

From C551
To C551

```
┌─────────────────────────────────────┐
│  券面額100円当たりの価額の判定（利付債）  │  To C554
└─────────────────────────────────────┘
                 ▼
┌─────────────────────────────────────────┐
│  券面額100円当たりの既経過利息相当額（税引後）を加算  │
└─────────────────────────────────────────┘
                 ▼
┌─────────────────────────────────────────┐
│  上記利息加算後の券面額100円当たりの価額に        │
│  券面額を100円で除した数を乗じる               │
└─────────────────────────────────────────┘
                 ▼
```

利付公社債（個人向け国債以外）の評価が完了

判定フロー C554　券面額100円当たりの価額の判定（利付債）

From C553 / To C553

- 金融商品取引所に上場されており、かつ、日本証券業協会において売買参考統計値が公表されている
  - **Yes** → 課税時期の最終価格と売買参考統計値（平均値）のいずれか低い金額
  - **No** ↓
- 金融商品取引所に上場されている
  - **Yes** → 課税時期の最終価格
  - **No** ↓
- 日本証券業協会において売買参考統計値が公表されている
  - **Yes** → 課税時期の売買参考統計値（平均値）
  - **No** ↓
- 発行価額

業務フロー C555

割引発行の公社債の評価

From C551 / To C551

↓

券面額100円当たりの価額の判定（割引債） → To C556

↓

券面額100円当たりの価額に券面額を100で除した数を乗じる

↓

割引発行の公社債の評価が完了

判定フロー C556
券面額100円当たりの価額の判定（割引債）

From C555 → To C555

- 金融商品取引所に上場されている → **Yes** → 課税時期の最終価格
- **No** ↓
- 日本証券業協会において売買参考統計値が公表されている → **Yes** → 課税時期の売買参考統計値（平均値）
- **No** ↓
- 発行価額＋既経過償還差益

業務フロー C561 証券投資信託受益証券の評価

From C511
To C511

- 日々決算型の証券投資信託受益証券の評価
（中期国債ファンド、MMF等） → To C562

- 上場されている証券投資信託受益証券の評価 → To C563

- その他の証券投資信託受益証券の評価 → To C564

証券投資信託受益証券の評価が完了

業務フロー **C562**

日々決算型の証券投資信託受益証券の評価
（中期国債ファンド、MMF等）

From C561　To C561

↓

1口当たりの基準価額に口数を乗じる

↓

再投資されていない未収分配金を加算する

↓

再投資されていない未収分配金につき徴収されるべき
源泉所得税及び利子割を控除する

↓

信託財産留保額及び解約手数料を控除する

↓

日々決算型の証券投資信託受益証券の評価が完了

業務フロー C563

上場されている証券投資信託受益証券の評価

From C561 / To C561

上場株式に準じて評価する

⬇

上場されている証券投資信託受益証券の評価が完了

業務フロー C564 その他の証券投資信託受益証券の評価

From C561
To C561

1口当たりの基準価額に口数を乗じる

↓

課税時期において解約請求等した場合の
源泉所得税及び利子割を控除する

↓

信託財産留保額及び解約手数料を控除する

↓

その他の証券投資信託受益証券の評価が完了

C　財産評価(5)－金融資産　129

業務フロー　C 5 7 1　手許現金の評価

From C 5 1 1
To C 5 1 1

```
財布、タンス、金庫など自宅にある現金の確認
          ↓
貸金庫など自宅以外にある現金の確認
          ↓
相続人等が預っていた現金の確認
          ↓
課税時期前の預貯金口座からの引き出し額の確認
          ↓
課税時期前の生活費、医療費、その他の支出額の確認
          ↓
上記の金額を総合的に勘案して、手許現金の額を確定
          ↓
手許現金の評価が完了
```

業務フロー C581　預貯金の評価

From C511　→　To C511

- 取引金融機関の確認　→　To C582
- 家族名義預貯金の相続財産性の確認　→　To C583
- 残高証明書の発行依頼
- 預入高（元本）の確認
- 定期性預金の既経過利息（税引後）を加算する
- 預貯金の評価が完了

C 財産評価(5)－金融資産　131

業務フロー　C582　取引金融機関の確認

From C581 / To C581

- 通帳、証書、キャッシュカード、郵送物等からの確認

↓

- ゆうちょ銀行以外は支店ごとに口座の存在を確認する

↓

- ゆうちょ銀行は現存照会の取得を検討する

↓

取引金融機関の確認が完了

業務フロー C583 家族名義預貯金の相続財産性の確認

From C581
To C581

```
┌─────────────────────────────────────────────┐
│ 親（被相続人）が開設した家族（相続人）名義の   │
│     預貯金口座がないか否かを確認する           │
└─────────────────────────────────────────────┘
                     ▼
┌─────────────────────────────────────────────────────┐
│ 親（被相続人）が印鑑、カード、通帳、証書等を管理していた │
│   家族（相続人）名義の預貯金口座がないか否かを確認する   │
└─────────────────────────────────────────────────────┘
                     ▼
┌─────────────────────────────────────────────────────┐
│ 家族（相続人）名義の預貯金については、その形成過程       │
│  （自己の所得、相続・贈与等）が説明できるか否かを確認する │
└─────────────────────────────────────────────────────┘
                     ▼
┌─────────────────────────────────────────────┐
│ 親（被相続人）から贈与を受けた預貯金については、│
│     贈与の事実が証明できるか否かを確認する     │
└─────────────────────────────────────────────┘
                     ▼
```

家族名義預貯金の相続財産性の確認が完了

業務フロー C591 貸付金債権の評価

From C511
To C511

- 貸付金債権の存在の確認
- 元本価額（回収不能額の有無）の判定 → To C592
- 利息の価額を加算する
- 貸付金債権の評価が完了

判定フロー C592 元本価額（回収不能額の有無）の判定

From C591　　**To** C591

- 手形交換所の取引停止処分を受けている → **Yes**
  - ↓ No
- 会社更生手続きの開始決定があった → **Yes**
  - ↓ No
- 民事再生法の規定による再生手続開始の決定があった → **Yes**
  - ↓ No
- 会社の整理開始命令、特別清算の開始命令があった → **Yes**
  - ↓ No
- 破産の宣告があった → **Yes**

（上記Yesの場合）債務者に対して有する貸付金債権の内、左記に該当する部分（回収不能額）は元本に算入しない

  - ↓ No
- 債権者集会、当事者間の協議により5年以内に弁済されないこととなった金額がある → **Yes** → 5年以内に弁済されない部分は元本に算入しない
  - ↓ No
- 券面額が元本の価額となる

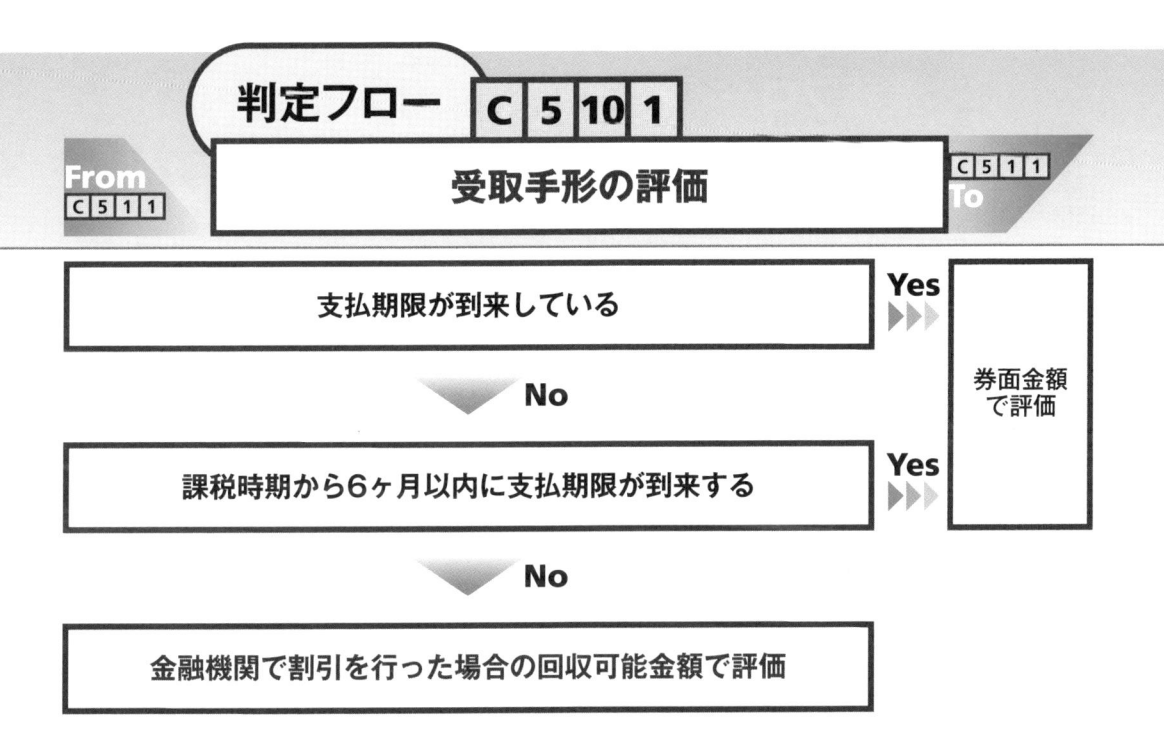

判定フロー C 5 10 1 受取手形の評価

From C 5 1 1 → To C 5 1 1

- 支払期限が到来している → **Yes** → 券面金額で評価
- ↓ **No**
- 課税時期から6ヶ月以内に支払期限が到来する → **Yes** → 券面金額で評価
- ↓ **No**
- 金融機関で割引を行った場合の回収可能金額で評価

業務フロー C 5 11 1

ゴルフ会員権の評価

From C 5 1 1
To C 5 1 1

会員証、預り証、購入時書類、年会費等のお知らせを確認

↓

ゴルフ会員権の評価方法の判定

To C 5 11 2

↓

ゴルフ会員権の評価が完了

C 財産評価(5)－金融資産　137

判定フロー C 5 11 2

ゴルフ会員権の評価方法の判定

From C 5 11 1 → To C 5 11 1

- 取引相場があるゴルフ会員権で、取引価格に含まれない預託金等がある
  - **Yes** ▶▶▶ 通常の取引価格×70%＋取引価格に含まれない預託金等
  - **No** ↓
- 取引相場があるゴルフ会員権で、取引価格に含まれない預託金等がない
  - **Yes** ▶▶▶ 通常の取引価格×70%
  - **No** ↓
- 取引相場がない株主形態のゴルフ会員権で、預託金等が必要なものである
  - **Yes** ▶▶▶ 株式として評価＋預託金を返還時期に応じて評価した金額
  - **No** ↓
- 取引相場がない株主形態のゴルフ会員で、預託金等が必要ないものである
  - **Yes** ▶▶▶ 株式として評価
  - **No** ↓
- 取引相場がない預託金形態のゴルフ会員権である
  - **Yes** ▶▶▶ 預託金の返還時期に応じて評価した金額
  - **No** ↓
- プレー権のみのゴルフ会員権に該当するため、評価しない

業務フロー C 5 12 1 国外財産・外貨建資産・外貨建債務の邦貨換算

From C 5 1 1 / To C 5 1 1

↓

国外財産及び外貨建資産がある場合、納税義務者の取引金融機関の課税時期の対顧客直物電信買相場（TTB）で換算する

↓

外貨預金等がある場合、上記にかかわらず外貨預金等が設定されている金融機関の課税時期の対顧客直物電信買相場（TTB）で換算する

↓

外貨建債務がある場合、納税義務者の取引金融機関の対顧客直物電信売相場（TTS）で換算する

↓

課税時期に取引相場がない場合には、課税時期前で課税時期に最も近い日の為替レートで換算する

↓

在外財産・外貨建資産・外貨建債務の邦貨換算が完了

C 財産評価(6)－その他の財産

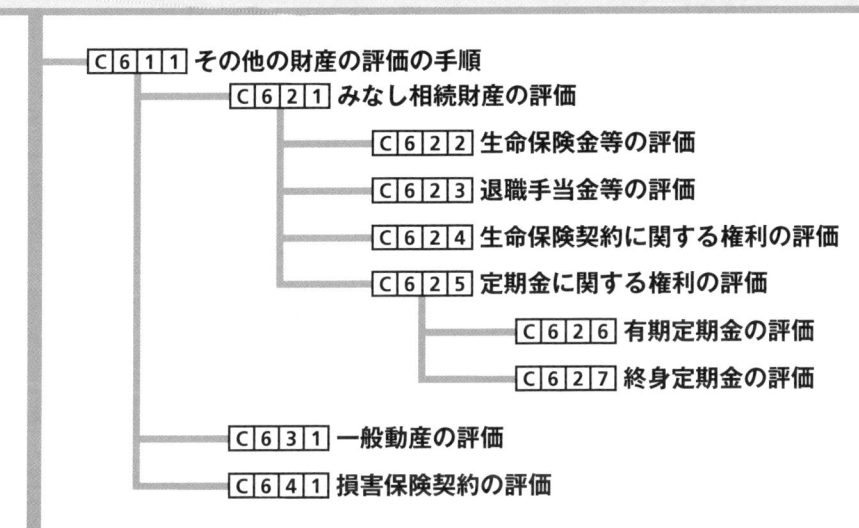

- C611 その他の財産の評価の手順
  - C621 みなし相続財産の評価
    - C622 生命保険金等の評価
    - C623 退職手当金等の評価
    - C624 生命保険契約に関する権利の評価
    - C625 定期金に関する権利の評価
      - C626 有期定期金の評価
      - C627 終身定期金の評価
  - C631 一般動産の評価
  - C641 損害保険契約の評価

その他の財産の評価が完了

業務フロー C 6 1 1
その他の財産の評価の手順

```
┌─────────────────────────────────────┐
│       みなし相続財産の評価            │  To  C 6 2 1
└─────────────────────────────────────┘
                 ▼
┌─────────────────────────────────────┐
│         一般動産の評価                │  To  C 6 3 1
└─────────────────────────────────────┘
                 ▼
┌─────────────────────────────────────┐
│       損害保険契約の評価              │  To  C 6 4 1
└─────────────────────────────────────┘
                 ▼
┌─────────────────────────────────────┐
│  老人ホームの保証金等、返戻金の確認     │
└─────────────────────────────────────┘
                 ▼
┌─────────────────────────────────────┐
│  所得税・健康保険料・介護保険料・高額療養費  │
│           の還付金の確認              │
└─────────────────────────────────────┘
                 ▼
┌─────────────────────────────────────┐
│         電話加入権の確認              │
└─────────────────────────────────────┘
                 ▼
         その他の財産の評価が完了
```

C 財産評価(6)－その他の財産　141

業務フロー C621

みなし相続財産の評価

From C611
To C611

- 生命保険金等の評価 → To C622
- 退職手当金等の評価 → To C623
- 生命保険契約に関する権利の評価 → To C624
- 定期金に関する権利の評価 → To C625

みなし相続財産の評価が完了

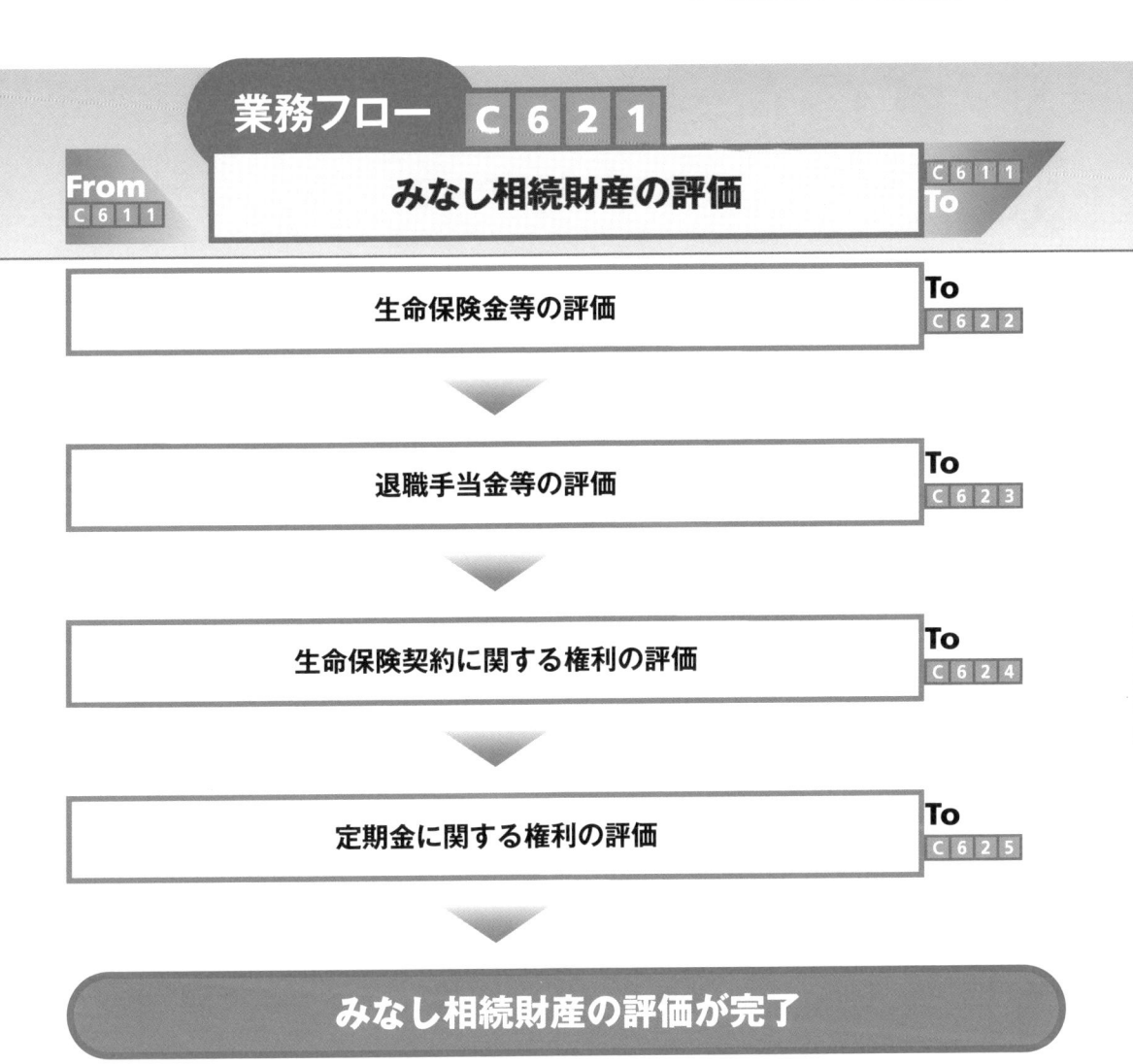

業務フロー C622 生命保険金等の評価

From C621 → To C621

```
┌─────────────────────────────────────────────┐
│ 保険金の支払通知書等から保険金の額を確認する │
└─────────────────────────────────────────────┘
                    ▼
┌─────────────────────────────────────────────┐
│ 剰余金、返戻金、前納保険料は保険金の額に含める │
└─────────────────────────────────────────────┘
                    ▼
┌─────────────────────────────────────────────┐
│ 死亡保険金以外（入院給付金等）、遅延利息は   │
│           保険金の額に含めない               │
└─────────────────────────────────────────────┘
                    ▼
┌─────────────────────────────────────────────┐
│ 保険金等のうち、被相続人が負担した保険料に   │
│   対応する部分の金額が生命保険金等となる     │
└─────────────────────────────────────────────┘
                    ▼
┌─────────────────────────────────────────────┐
│              非課税金額を控除する            │
└─────────────────────────────────────────────┘
                    ▼
          **生命保険金等の評価が完了**
```

業務フロー C623 退職手当金等の評価

From C621
To C621

```
┌─────────────────────────────────────────────┐
│ 退職手当等受給者別支払調書、退職手当金の支給明細等 │
│      から退職手当金等の額を確認する          │
└─────────────────────────────────────────────┘
                    ▼
┌─────────────────────────────────────────────┐
│  弔慰金等の支給額を確認し、退職手当金等から   │
│         除外される金額を確認する              │
└─────────────────────────────────────────────┘
                    ▼
┌─────────────────────────────────────────────┐
│            非課税金額を控除する              │
└─────────────────────────────────────────────┘
                    ▼
┌─────────────────────────────────────────────┐
│         退職手当金等の評価が完了              │
└─────────────────────────────────────────────┘
```

業務フロー C624 生命保険契約に関する権利の評価

From C621 → To C621

1. 相続開始日における解約返戻金を確認する
2. 剰余金、返戻金、前納保険料がある場合、解約返戻金に加算する

生命保険契約に関する権利の評価が完了

判定フロー C625 定期金に関する権利の評価

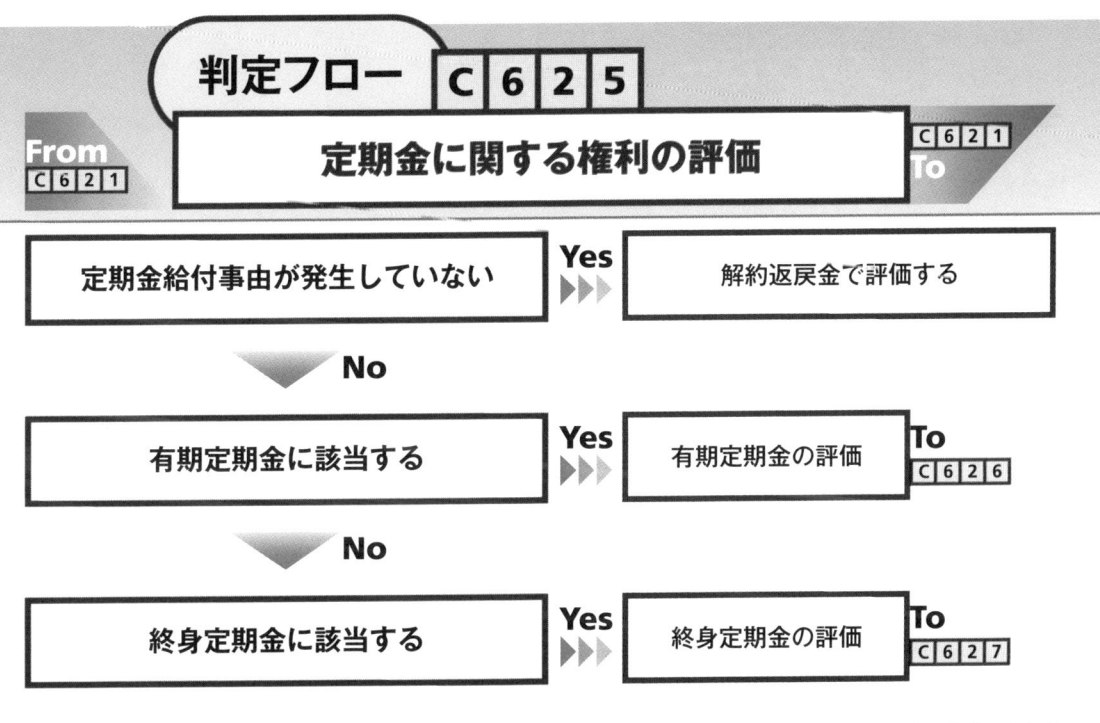

From C621 / To C621

- 定期金給付事由が発生していない → **Yes** → 解約返戻金で評価する
- ↓ **No**
- 有期定期金に該当する → **Yes** → 有期定期金の評価 → To C626
- ↓ **No**
- 終身定期金に該当する → **Yes** → 終身定期金の評価 → To C627

※この他に「無期定期金」の取扱いが定められているが、保険・年金契約に無期のものは存在せず、相続課税の実務では出て来ないため、割愛した。

業務フロー C626 有期定期金の評価

From C625 → To C621

① 「解約返戻金の額」を確認する

↓

一時金で給付を受けることができる場合、
② 「一時金相当額」を確認する

↓

③ 「給付を受けるべき1年当たりの平均額×
残存期間に応ずる予定利率による複利年金現価率」を確認する

↓

①～③の内、いずれか多い金額が評価額となる

↓

有期定期金の評価が完了

C 財産評価(6)－その他の財産　147

業務フロー C627　終身定期金の評価

From C625 / To C621

① 「解約返戻金の額」を確認する

↓

一時金で給付を受けることができる場合、
② 「一時金相当額」を確認する

↓

③ 「給付を受けるべき1年当たりの平均額×定期金受給者の平均余命に応ずる予定利率による複利年金現価率」を確認する

↓

①～③の内、いずれか多い金額が評価額となる

↓

終身定期金の評価が完了

判定フロー C631 一般動産の評価

From C611 → To C611

- 売買実例価額が明らかである
  - **Yes** → 売買実例価額・精通者意見価格等を参酌して評価
  - **No** → 「新品小売価額－経過年数に応ずる償却費の額」で評価

判定フロー C641 損害保険契約の評価

From C611 → To C611

複数年の契約期間のもので、保険料を前払いしている損害保険契約又は満期時に返戻金のある損害保険契約である

- No → 評価しない
- Yes ↓

相続開始時における解約返戻金相当額で評価

D 相続税の申告(1)－課税価格計算

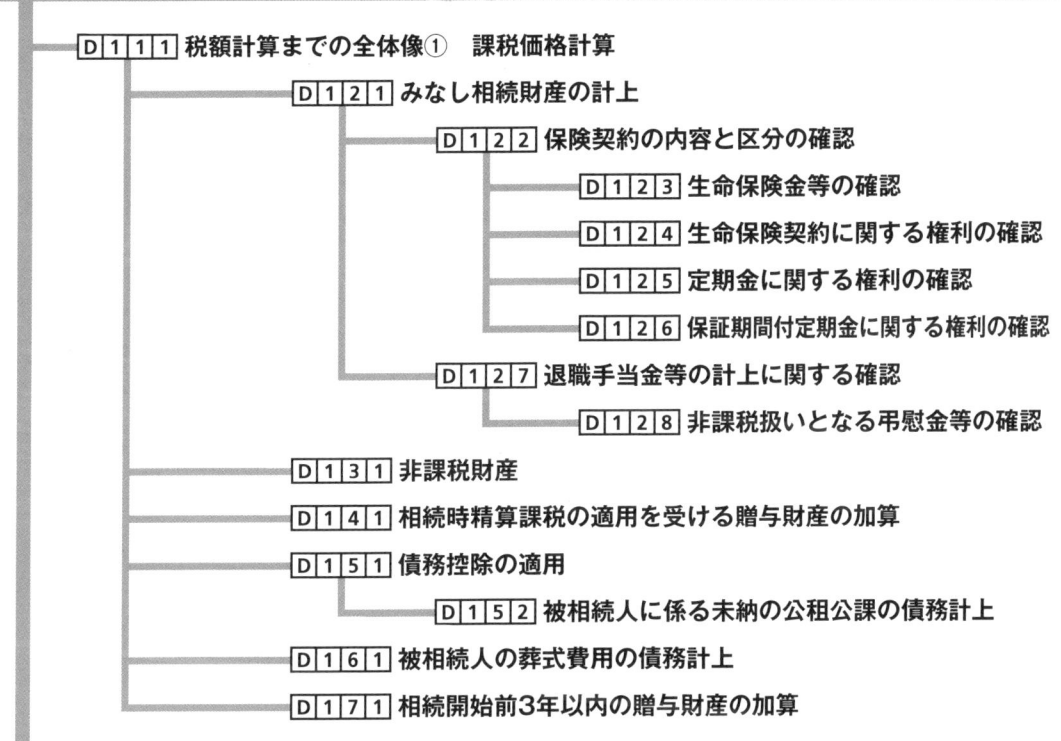

- D111 税額計算までの全体像① 課税価格計算
  - D121 みなし相続財産の計上
    - D122 保険契約の内容と区分の確認
      - D123 生命保険金等の確認
      - D124 生命保険契約に関する権利の確認
      - D125 定期金に関する権利の確認
      - D126 保証期間付定期金に関する権利の確認
    - D127 退職手当金等の計上に関する確認
      - D128 非課税扱いとなる弔慰金等の確認
- D131 非課税財産
- D141 相続時精算課税の適用を受ける贈与財産の加算
- D151 債務控除の適用
  - D152 被相続人に係る未納の公租公課の債務計上
- D161 被相続人の葬式費用の債務計上
- D171 相続開始前3年以内の贈与財産の加算

相続税の課税価格計算が完了

業務フロー D111 税額計算までの全体像① 課税価格計算

From: D312, D313
To: D211

```
相続人と相続分の確定  → To A611
        ↓
※基礎控除額の計算
        ↓
相続財産の評価  → To C---  Cの項目へ
        ↓
みなし相続財産の計上  → To D121
        ↓
非課税財産  → To D131
        ↓
相続時精算課税の適用を受ける贈与財産の加算  → To D141
        ↓
債務控除の適用  → To D151
        ↓
被相続人の葬式費用の債務計上  → To D161
        ↓
相続開始前3年以内の贈与財産の加算  → To D171
        ↓
課税価格の確定
        ↓
相続税の課税価格計算が完了
```

※平成27年1月1日以後　　3,000万円＋　600万円×法定相続人の数
　平成26年12月31日以前　5,000万円＋1,000万円×法定相続人の数

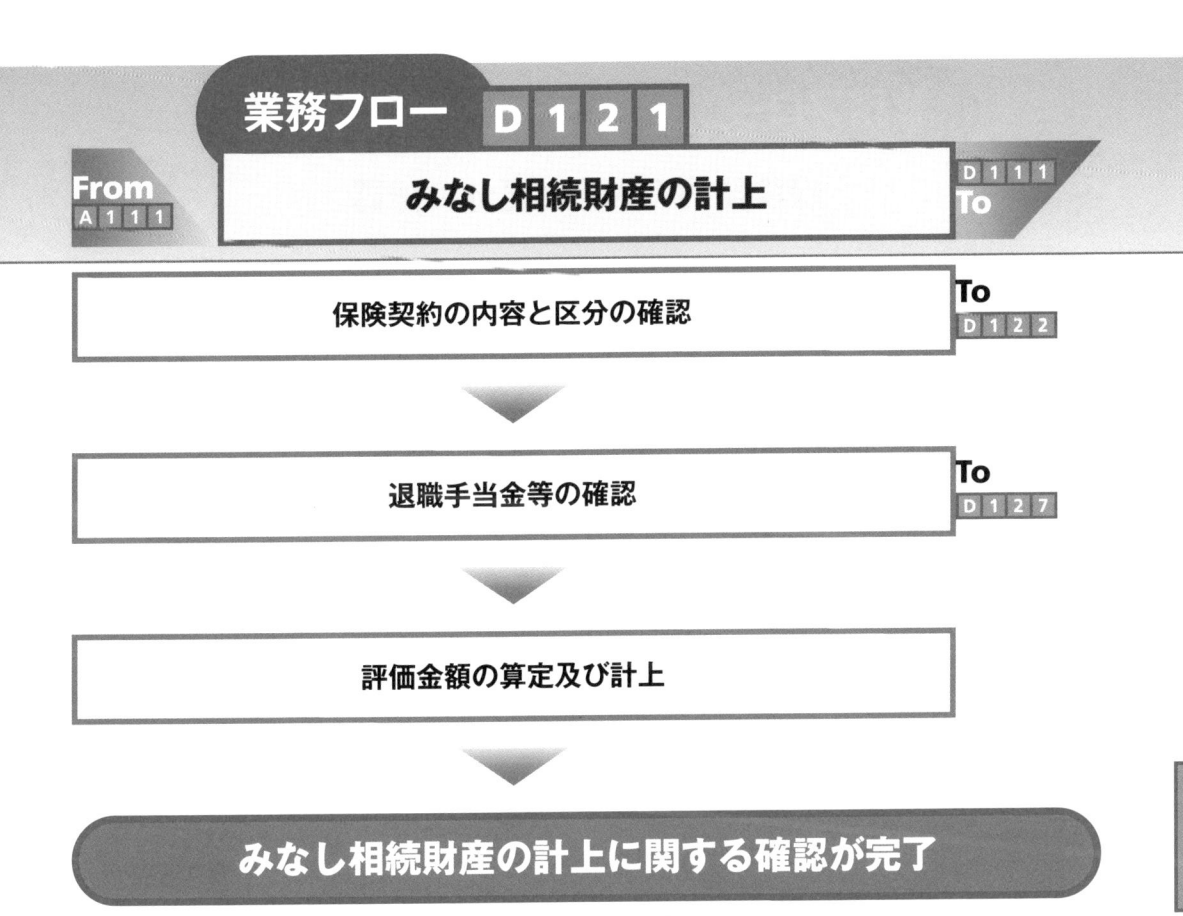

D 相続税の申告(1)－課税価格計算　153

業務フロー　D121

From A111

みなし相続財産の計上

To D111

保険契約の内容と区分の確認 　**To** D122

↓

退職手当金等の確認 　**To** D127

↓

評価金額の算定及び計上

↓

みなし相続財産の計上に関する確認が完了

D(1)

業務フロー D122 保険契約の内容と区分の確認

From: D121
To: D121

```
保険証券により保険金受取人・契約者・被保険者・
保険の内容の確認
          ↓
被相続人・関係親族の通帳・所得税の確定申告書の入手
          ↓
保険料の支払及び保険金の入金の確認
          ↓
生命保険金等の確認                      → To D123
          ↓
生命保険契約に関する権利の確認            → To D124
          ↓
定期金に関する権利の確認                  → To D125
          ↓
保証期間付定期金に関する権利の確認         → To D126
          ↓
```

保険契約の内容と区分の確認が完了

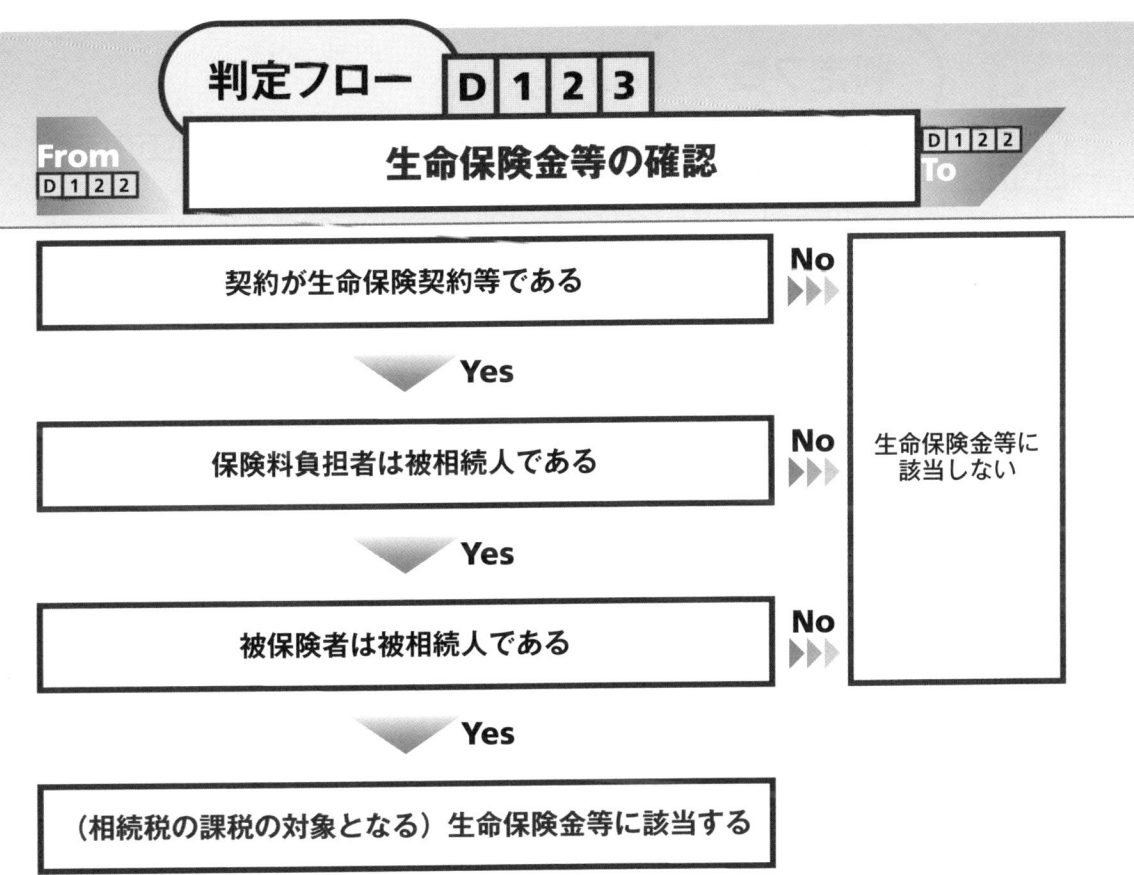

判定フロー D123 生命保険金等の確認

From D122 / To D122

- 契約が生命保険契約等である — **No** → 生命保険金等に該当しない
- ↓ **Yes**
- 保険料負担者は被相続人である — **No** → 生命保険金等に該当しない
- ↓ **Yes**
- 被保険者は被相続人である — **No** → 生命保険金等に該当しない
- ↓ **Yes**
- （相続税の課税の対象となる）生命保険金等に該当する

判定フロー D124 生命保険契約に関する権利の確認

From D122
To D122

- 契約が生命保険契約等である → No：生命保険契約に関する権利に該当しない
- ↓ Yes
- 保険料負担者は被相続人である → No：生命保険契約に関する権利に該当しない
- ↓ Yes
- 被保険者は被相続人以外である → No：生命保険契約に関する権利に該当しない
- ↓ Yes
- 相続開始時にまだ給付事由が発生していない → No：生命保険契約に関する権利に該当しない
- ↓ Yes
- （相続税の課税対象となる）生命保険契約に関する権利に該当する

判定フロー D125 定期金に関する権利の確認

From D122 / To D122

- 契約が定期金給付契約である → No：定期金に関する権利に該当しない
- ↓ Yes
- 保険料負担者は被相続人である → No：定期金に関する権利に該当しない
- ↓ Yes
- 被保険者は被相続人以外である → No：定期金に関する権利に該当しない
- ↓ Yes
- 相続開始時にまだ給付事由が発生していない → No：定期金に関する権利に該当しない
- ↓ Yes
- （相続税の課税対象となる）定期金に関する権利に該当する

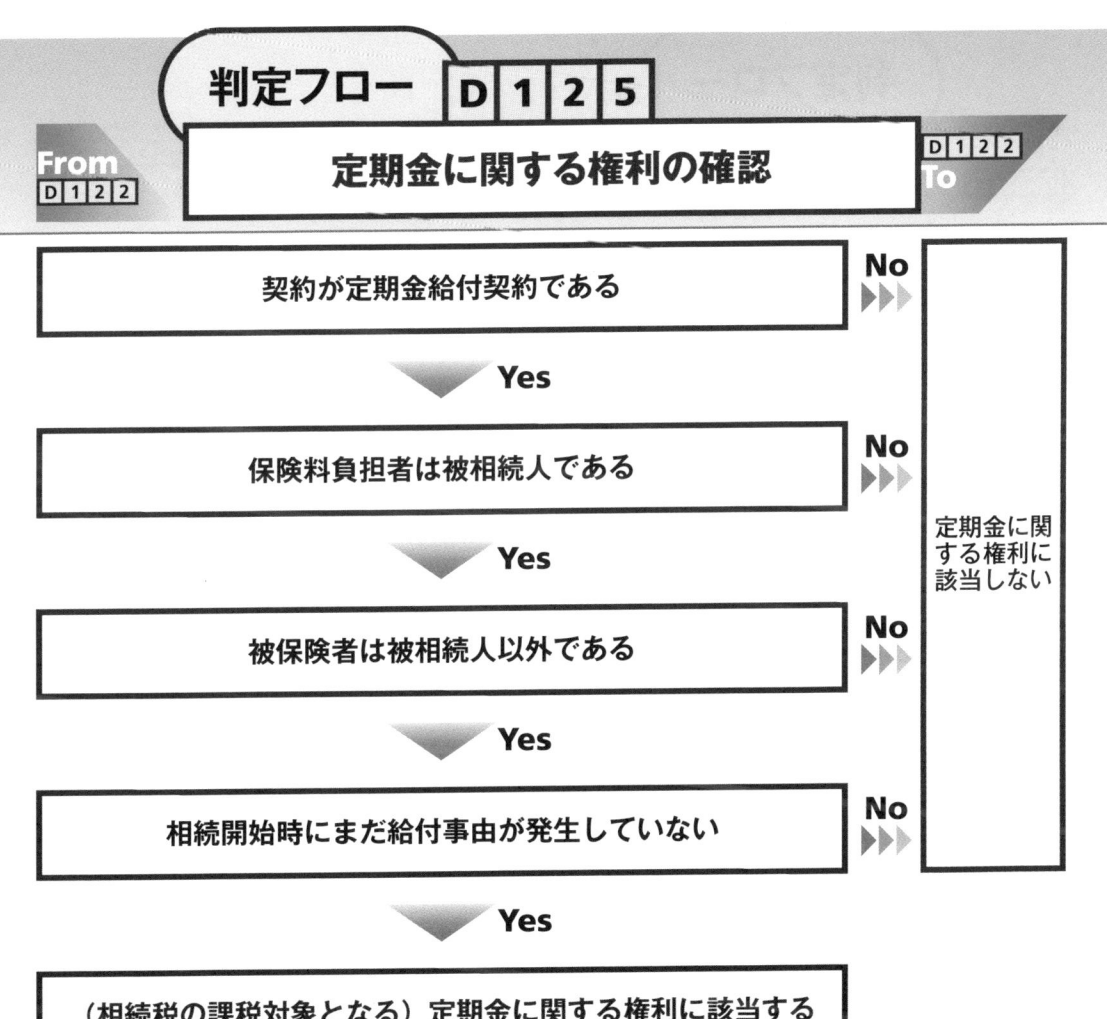

判定フロー D126 保証期間付定期金に関する権利の確認

From D122 / To D122

- 相続開始前に被相続人が定期金を受け取っていた → **No** → 保証期間付定期金に関する権利に該当しない
- ↓ **Yes**
- 保険料負担者は被相続人である → **No** → 保証期間付定期金に関する権利に該当しない
- ↓ **Yes**
- 相続開始後に相続人等が定期金又は一時金を取得した → **No** → 保証期間付定期金に関する権利に該当しない
- ↓ **Yes**
- （相続税の課税対象となる）保証期間付定期金に関する権利に該当する

D 相続税の申告(1)－課税価格計算　159

業務フロー D127 退職手当金等の計上に関する確認

From D121 / To D121

- 被相続人の通帳・所得税の確定申告書の入手
- 小規模企業共済による掛金の支払の確認
- 被相続人が同族会社の代表取締役である場合には同族会社の支払能力及び支払金額の確認
- 「退職手当等受給者別支払調書」（100万円超の死亡退職金が支給された場合に会社が税務署に提出する）の有無の確認
- 非課税扱いとなる弔慰金等の確認　To D128
- 退職手当金等の計上に関する確認が完了

判定フロー D128 非課税扱いとなる弔慰金等の確認

From D127 / To D127

- 実質上退職手当金等である → **Yes** → 実質上の金額及び超える金額は、退職手当金等（みなし相続財産）に該当する
- ↓ **No**
- 業務上の死亡で、賞与以外の普通給与の3年分を超える → **Yes** → （同上）
- ↓ **No**
- 業務上の死亡でなく、賞与以外の普通給与の半年分を超える → **Yes** → （同上）
- ↓ **No**
- 非課税扱いとされるため相続財産に該当しない

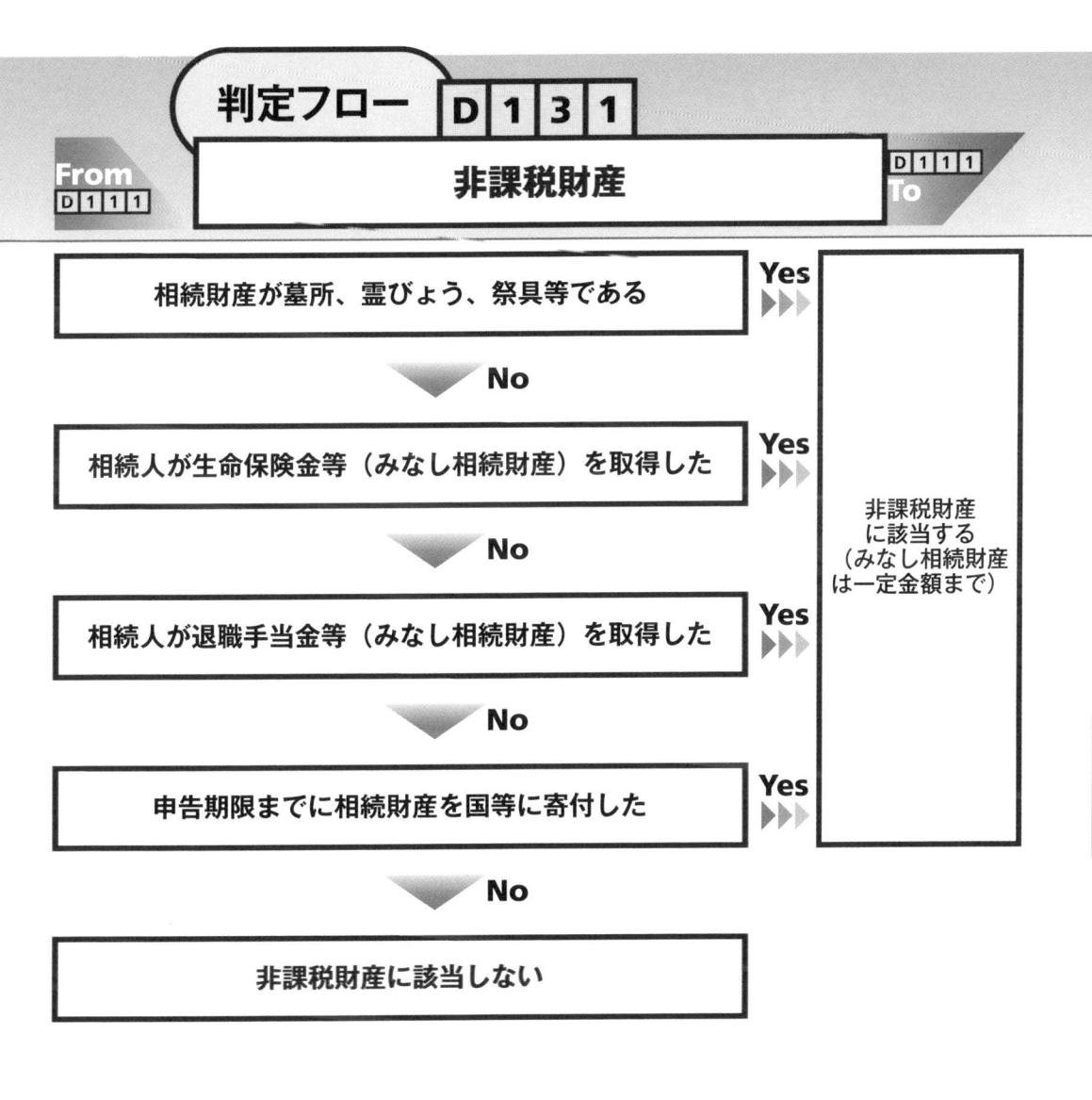

判定フロー D131 非課税財産

From D111 / To D111

- 相続財産が墓所、霊びょう、祭具等である → **Yes** → 非課税財産に該当する（みなし相続財産は一定金額まで）
- ↓ No
- 相続人が生命保険金等（みなし相続財産）を取得した → **Yes** → 非課税財産に該当する（みなし相続財産は一定金額まで）
- ↓ No
- 相続人が退職手当金等（みなし相続財産）を取得した → **Yes** → 非課税財産に該当する（みなし相続財産は一定金額まで）
- ↓ No
- 申告期限までに相続財産を国等に寄付した → **Yes** → 非課税財産に該当する（みなし相続財産は一定金額まで）
- ↓ No
- 非課税財産に該当しない

業務フロー D141 相続時精算課税の適用を受ける贈与財産の加算

From D111
To D111 / J111

```
┌─────────────────────────────────────┐
│         特定贈与者の死亡              │
└─────────────────────────────────────┘
                 ▼
┌─────────────────────────────────────┐
│  相続時精算課税選択年分以後の贈与財産の確認  │
└─────────────────────────────────────┘
                 ▼
┌─────────────────────────────────────┐
│       受贈者の贈与税申告書の入手        │
└─────────────────────────────────────┘
                 ▼
┌─────────────────────────────────────┐
│     贈与時の価額により課税価格へ加算      │
└─────────────────────────────────────┘
                 ▼
```

相続時精算課税の適用を受ける贈与財産の加算が完了

D 相続税の申告(1)－課税価格計算　163

業務フロー D151　債務控除の適用

From D111　　　　　　　　　　　　　　　　　　　　　　　　To D111

借入金の元本及び相続開始日までの日割利息の確認

↓

被相続人にかかる未納の公租公課の債務計上　　　To D152

↓

賃貸物件の家賃の前受があるか否かを確認

↓

預り敷金・保証金の確認

↓

入院費用・介護費用等の確認

↓

相続開始時に確定している被相続人に係る債務で
未払いのものがあるか否かを確認

↓

債務控除の適用の完了

D(1)

業務フロー D152　被相続人に係る未納の公租公課の債務計上

From D151 / To D151

- （準確定申告等）被相続人の所得税の未納額の有無の確認
- 被相続人の住民税の未納額の有無の確認
- 所有不動産に課されている固定資産税等の未納額の有無の確認
- 被相続人の個人事業税の未納額の有無の確認及び準確定申告による事業税見込分の計算
- 被相続人の消費税の未納額の有無の確認
- 被相続人が相続開始直前に不動産を取得しているか否かを確認（相続開始後に不動産取得税が賦課されているか否かの確認）

被相続人に係る未納の公租公課の債務計上が完了

D 相続税の申告(1)－課税価格計算　165

業務フロー D161 被相続人の葬式費用の債務計上

From D111 / To D111

```
葬式費用の領収書・請求書の入手
           ▼
上記書類を日付ごとに整理
           ▼
初七日や香典返しの費用が含まれていないか否かを確認
           ▼
領収書のないお布施・心付等の確認
           ▼
葬式費用の負担者が相続人又は遺贈者であるか否かの確認
           ▼
被相続人の葬式費用の債務計上が完了
```

D(1)

判定フロー D171 相続開始前3年以内の贈与財産の加算

From D111 / To D111 D232

- 対象となる受贈者は相続又は遺贈により財産（みなし相続財産含む）を取得している → No
- ↓ Yes
- 対象者は相続開始前3年以内に被相続人からの贈与により財産を取得している → No
- ↓ Yes
- 贈与者、受贈者共に贈与の認識があった → No
- ↓ Yes
- その贈与に関する贈与税申告書、出入金の分かる通帳等の根拠資料がある → No
- ↓ Yes
- 対象となる受贈者は相続時精算課税の適用を受けていない → No
- ↓ Yes
- **相続開始前3年以内の贈与財産を相続税の課税価格へ加算する**

No の場合 → 相続税の課税価格に加算される贈与財産はない

D 相続税の申告(2)－税額計算

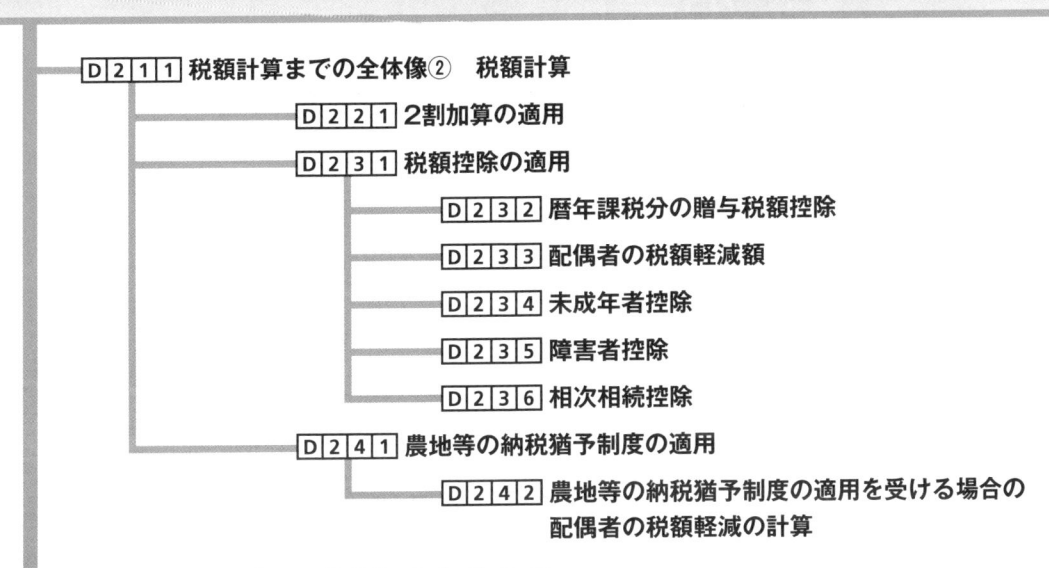

- D211 税額計算までの全体像② 税額計算
  - D221 2割加算の適用
  - D231 税額控除の適用
    - D232 暦年課税分の贈与税額控除
    - D233 配偶者の税額軽減額
    - D234 未成年者控除
    - D235 障害者控除
    - D236 相次相続控除
  - D241 農地等の納税猶予制度の適用
    - D242 農地等の納税猶予制度の適用を受ける場合の配偶者の税額軽減の計算

相続税の税額計算が完了

業務フロー D211

税額計算までの全体像② 税額計算

From D111

```
納税義務者の判定
    ↓
相続税の総額の計算
    ↓
遺産分割と分割協議書作成  → To B111
    ↓
取得者ごとの課税価格の確定
    ↓
あん分割合の計算及び算出税額の計算
    ↓
2割加算の適用  → To D221
    ↓
税額控除の適用  → To D231
    ↓
農地等の納税猶予制度の適用  → To D241
    ↓
納付税額の確定
    ↓
相続税の税額計算が完了
```

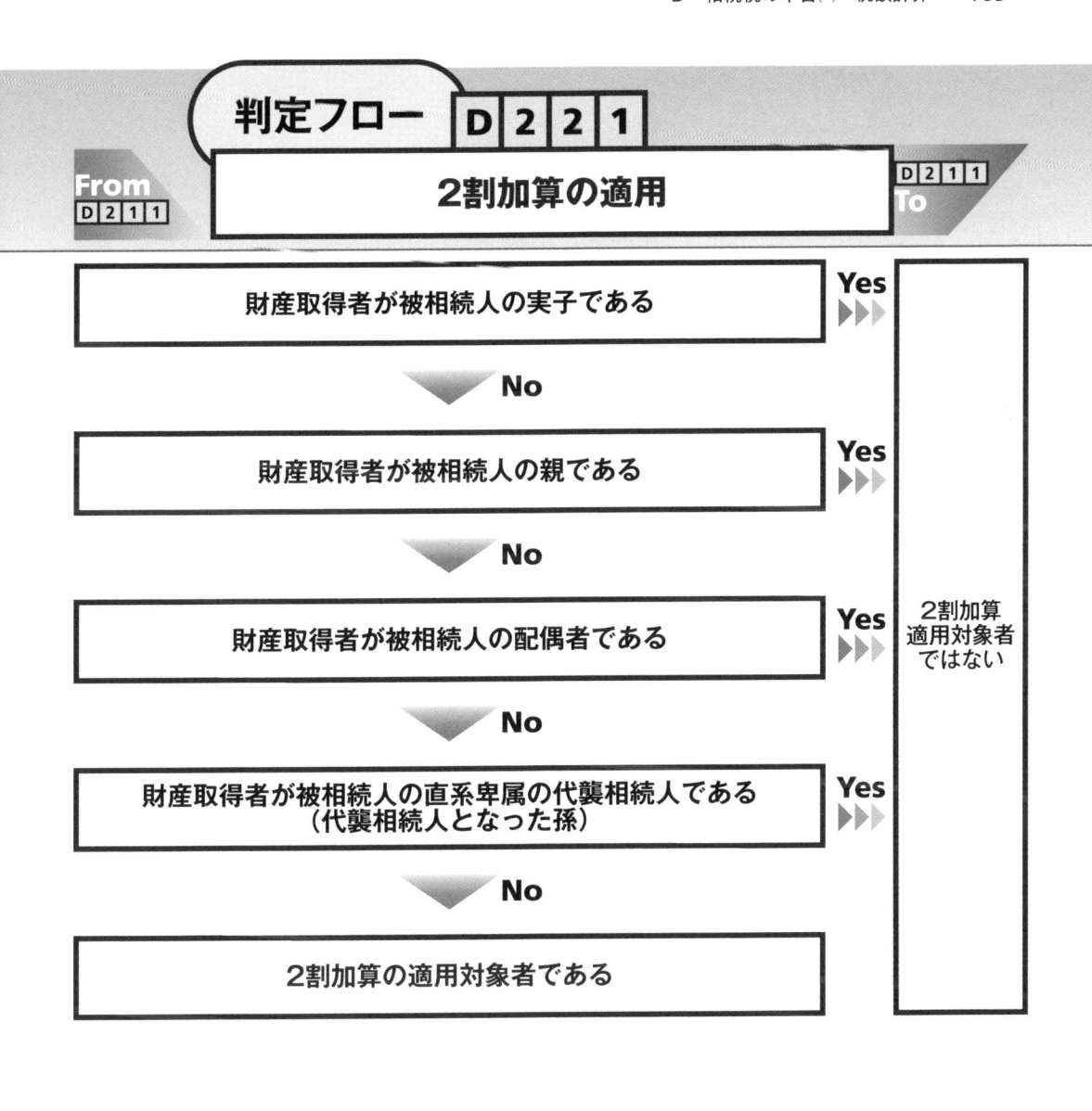

判定フロー D221　2割加算の適用

From D211 / To D211

- 財産取得者が被相続人の実子である → **Yes** → 2割加算適用対象者ではない
- **No** ↓
- 財産取得者が被相続人の親である → **Yes** → 2割加算適用対象者ではない
- **No** ↓
- 財産取得者が被相続人の配偶者である → **Yes** → 2割加算適用対象者ではない
- **No** ↓
- 財産取得者が被相続人の直系卑属の代襲相続人である（代襲相続人となった孫） → **Yes** → 2割加算適用対象者ではない
- **No** ↓
- 2割加算の適用対象者である

業務フロー D231 税額控除の適用

From: D211
To: D211

- 暦年課税分の贈与税額控除 — To D232
- 配偶者の税額軽減額 — To D233
- 未成年者控除 — To D234
- 障害者控除 — To D235
- 相次相続控除 — To D236
- 外国税額控除
- 相続時精算課税分の贈与税額控除

税額控除の適用に関する確認が完了

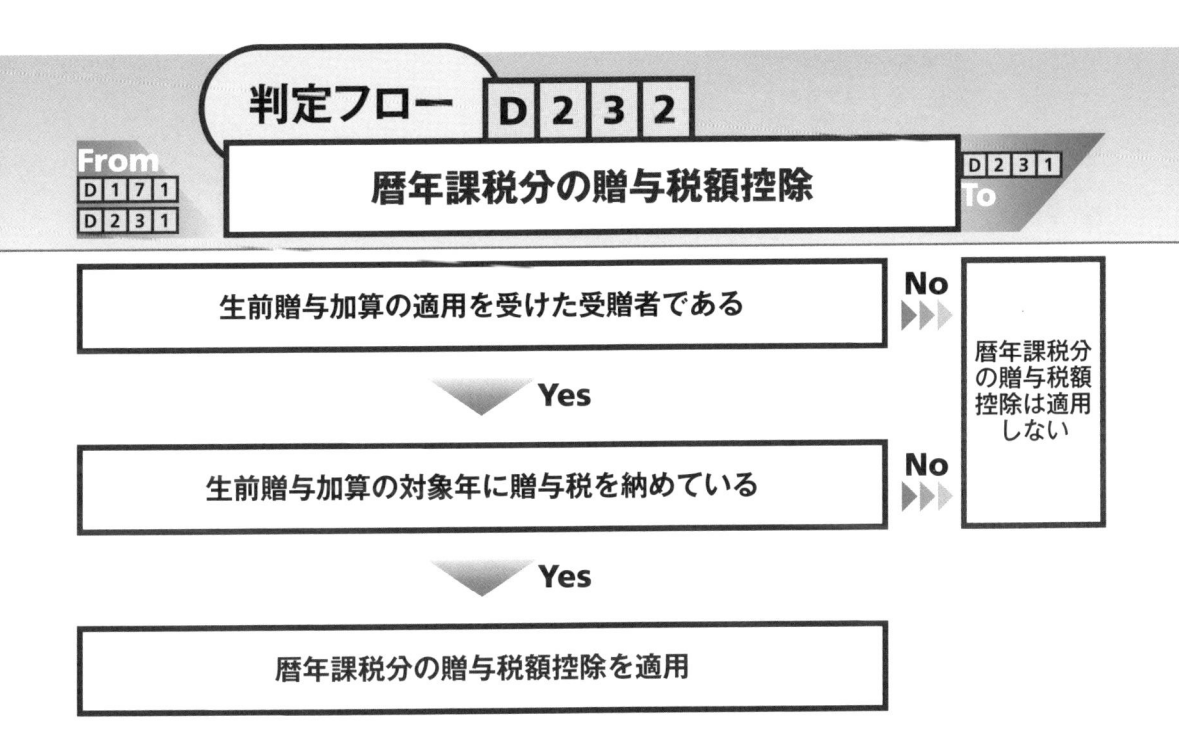

判定フロー D232 暦年課税分の贈与税額控除

From: D171, D231
To: D231

```
生前贈与加算の適用を受けた受贈者である
  │
  ├── No ──▶ 暦年課税分の贈与税額控除は適用しない
  │
  Yes
  ▼
生前贈与加算の対象年に贈与税を納めている
  │
  ├── No ──▶ 暦年課税分の贈与税額控除は適用しない
  │
  Yes
  ▼
暦年課税分の贈与税額控除を適用
```

業務フロー D233　配偶者の税額軽減額

From D231　To D231

- 配偶者の固有の財産及び債務の把握
- 配偶者が一次相続で取得及び承継する財産及び債務の把握
- 一次相続にて負担する相続税の総額（配偶者の税額軽減後）の試算
- 二次相続にて負担する相続税の総額の試算
- 一次相続及び二次相続の相続税の要納税額の合計額を計算
- 配偶者の生活費等を考慮して検討
- 配偶者の税額軽減額の計算（配偶者の課税価格が法定相続分と1億6,000万円のいずれか大きい金額以下の場合には配偶者の算出税額と同額）

配偶者の税額軽減額（の計算完了）

判定フロー D234 未成年者控除

From D231 → To D231

```
財産を取得した者は法定相続人である
         ↓ Yes
相続開始時の年齢が20歳未満である  →No→ 未成年者控除は適用しない
         ↓ Yes
未成年者控除を適用する
（6万円×20歳に達するまでの年齢）
```

※平成26年12月31日までの規定
　平成27年1月1日以後は6万円⇒10万円

判定フロー D235 障害者控除

From D231 / To D231

```
財産を取得した者は法定相続人である
```
↓ Yes

```
次のいずれかの者に該当する
① 精神障害者保健福祉手帳の障害等級が1級~3級である
② 身体障害者手帳の障害の程度が1級~6級である
③ 児童相談所、精神保健福祉センターなどで知的障害者と判定された
```
→ No → 障害者控除は適用しない

↓ Yes

```
障害者控除を適用する
(6万円(特別障害者は12万円)×85歳に達するまでの年齢)
```

※平成26年12月31日までの規定
　平成27年1月1日以後は
　　　一般障害者　6万円⇒10万円
　　　特別障害者 12万円⇒20万円

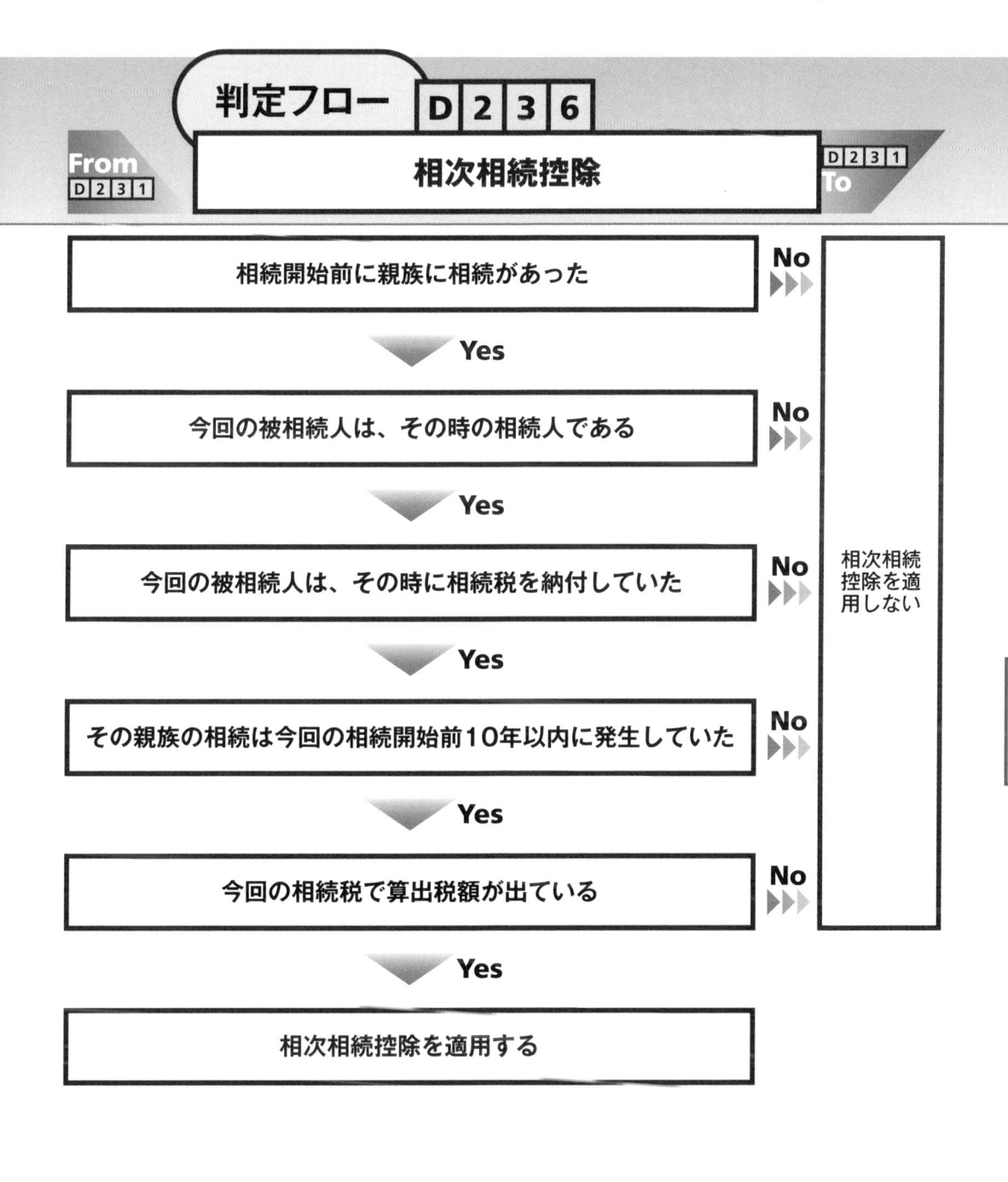

D 相続税の申告(2)－税額計算　175

判定フロー D236　相次相続控除

From D231　To D231

- 相続開始前に親族に相続があった → **No** → 相次相続控除を適用しない
- ↓ Yes
- 今回の被相続人は、その時の相続人である → **No** → 相次相続控除を適用しない
- ↓ Yes
- 今回の被相続人は、その時に相続税を納付していた → **No** → 相次相続控除を適用しない
- ↓ Yes
- その親族の相続は今回の相続開始前10年以内に発生していた → **No** → 相次相続控除を適用しない
- ↓ Yes
- 今回の相続税で算出税額が出ている → **No** → 相次相続控除を適用しない
- ↓ Yes
- 相次相続控除を適用する

業務フロー D241 農地等の納税猶予制度の適用

From D211
To D211

- 農地等の相続税の納税猶予の特例の対象となるか否かの確認 → To E--- Eの項目へ
- 都道府県・地目ごとに農業投資価格の確認
- ①通常価格ベースで相続税の総額の計算
- ②農業投資価格ベースで相続税の総額の計算
- 農地等納税猶予税額の計算（①-②）
- 農地等の納税猶予制度の適用を受ける場合の配偶者の税額軽減額の計算 → To D242
- 農地等納税猶予制度の適用が完了

業務フロー D242 農地等の納税猶予制度の適用を受ける場合の配偶者の税額軽減額の計算

From D241 / To D241

↓

配偶者が適用の場合は通常価格ベースで計算
（配偶者と配偶者以外の人が同時に適用の場合を含む）

↓

配偶者以外の人が適用の場合は農業投資価格ベースで計算

↓

配偶者と配偶者以外の人が同時に適用の場合は、
配偶者の税額軽減適用後に納付すべき税額があるか否かを確認
（納付すべき税額がない場合には配偶者は納税猶予の適用不可）

↓

**農地等の納税猶予制度を受ける場合の配偶者の
税額軽減額の計算が完了**

D 相続税の申告(3)－当初申告の方法

- D311 お尋ねの作成・提出（課税価格が基礎控除額以下の場合）
- D312 期限内申告
- D313 期限後申告

お尋ねの提出・当初申告の手続が完了

業務フロー D311
お尋ねの作成・提出
（課税価格が基礎控除額以下の場合）

```
┌─────────────────────────────┐
│  死亡日の確認                │
└─────────────────────────────┘
              ↓
┌─────────────────────────────┐
│  被相続人の居住地の税務署の確認 │
└─────────────────────────────┘
              ↓
┌─────────────────────────────┐
│  相続人と相続分の確定         │ → To A611
└─────────────────────────────┘
              ↓
┌─────────────────────────────┐
│  ※基礎控除額の計算            │
└─────────────────────────────┘
              ↓
┌─────────────────────────────┐
│  相続財産の把握（税理士による）│ → To A521
└─────────────────────────────┘
              ↓
┌─────────────────────────────┐
│  相続財産の評価               │ → To C———
└─────────────────────────────┘              Cの項目へ
              ↓
┌─────────────────────────────────────────┐
│ 課税価格が小規模宅地等の評価減の特例適用前で│
│ 基礎控除額以下であることの確認            │
└─────────────────────────────────────────┘
              ↓
┌─────────────────────────────┐
│  お尋ねの作成と提出           │
└─────────────────────────────┘
              ↓
┌─────────────────────────────┐
│ 遺産分割協議の実施と分割協議書の作成│ → To B111
└─────────────────────────────┘
              ↓
```

お尋ねの作成・提出手続が完了
（課税価格が基礎控除額以下の場合）

※平成27年1月1日以後　　　3,000万円＋　600万円×法定相続人の数
　平成26年12月31日以前　　5,000万円＋1,000万円×法定相続人の数

D 相続税の申告(3)－当初申告の方法

業務フロー D312

期限内申告

```
死亡日の確認
    ↓
死亡日から10ヶ月の申告期限の把握
    ↓
被相続人の住所地の税務署の確認
    ↓
相続人と相続分の確定                    → To A611
    ↓
相続財産の把握（税理士による）          → To A521
    ↓
相続財産の評価                          → To C111
    ↓
遺産分割協議の実施と分割協議書の作成    → To B111
    ↓
税額計算（2割加算・各種税額控除を含む） → To D111
                                           D211
    ↓
申告期限までに申告書の作成及び提出
（通信日付印又は税務署到着日が申告期限内であることの確認）
    ↓
期限内申告の手続が完了
```

業務フロー D3 1 3　期限後申告

```
死亡日の確認
    ↓
死亡日から10ヶ月の申告期限の把握
    ↓
被相続人の住所地の税務署の確認
    ↓
相続人と相続分の確定 ──── To A 6 1 1
    ↓
相続財産の把握（税理士による） ──── To A 5 2 1
    ↓
相続財産の評価 ──── To C 1 1 1
    ↓
遺産分割協議の実施と分割協議書の作成 ──── To B 1 1 1
    ↓
税額計算（2割加算・各種税額控除を含む） ──── To D 1 1 1
    ↓
申告期限後、税務署長の決定がある前に
申告書の作成及び提出
    ↓
```

期限後申告の手続が完了
（一定期間後、延滞税・無申告加算税が賦課される）

D 相続税の申告(4)－遺産が未分割の場合

- D411 遺産が未分割の場合の申告手続
  - D412 遺産が未分割のまま申告期限から3年経過した場合の手続

遺産が未分割の場合の申告手続が完了

業務フロー　D411
遺産が未分割の場合の申告手続

```
財産目録の作成
    ↓
相続人に対して分割協議を促す
    ↓
申告期限までして分割協議がまとまらないことが明らかである
    ↓
未分割申告では適用できない規定の確認
  { 農地等・非上場株式等の納税猶予
  { 物納
    ↓
申告期限から3年以内に分割協議が確定した場合に適用できる規定の確認
  { 配偶者に対する相続税額の軽減
  { 小規模宅地等についての相続税の課税価格の計算の特例
    ↓
申告期限後3年以内の分割見込書の作成
    ↓
未分割財産・債務について法定相続分にて取得・承継したものとみなして相続税申告書を作成
    ↓
申告書（未分割）の提出
    ↓
遺産が未分割のまま申告期限が3年経過した場合の手続き
（申告期限から3年経過日を忘れないように備忘記録をする）　　To D412
    ↓
遺産が未分割の場合の申告手続が完了
```

判定フロー D412

遺産が未分割のまま申告期限から3年経過した場合の手続

From D411

- 申告期限から3年以内に分割協議が確定している → **Yes** → 未分割遺産が分割された場合の手続 To G411
- ↓ **No**
- 申告期限の翌日から3年を経過する日においてその相続又は遺贈に関する訴えが提起されている → **Yes** → 分割制限期間の延長申請を行う
- ↓ **No**
- 申告期限の翌日から3年を経過する日においてその相続又は遺贈に関する和解、調停又は審判の申し立てがされている → **Yes** → 分割制限期間の延長申請を行う
- ↓ **No**
- 申告期限の翌日から3年を経過する日までに分割されないことについて税務署長からやむを得ない事情があると認められた → **Yes** → 分割制限期間の延長申請を行う
- ↓ **No**
- 配偶者に対する相続税額の軽減・小規模宅地等についての相続税の課税価格の計算の特例の適用不可

E 農地等の相続税の納税猶予の特例

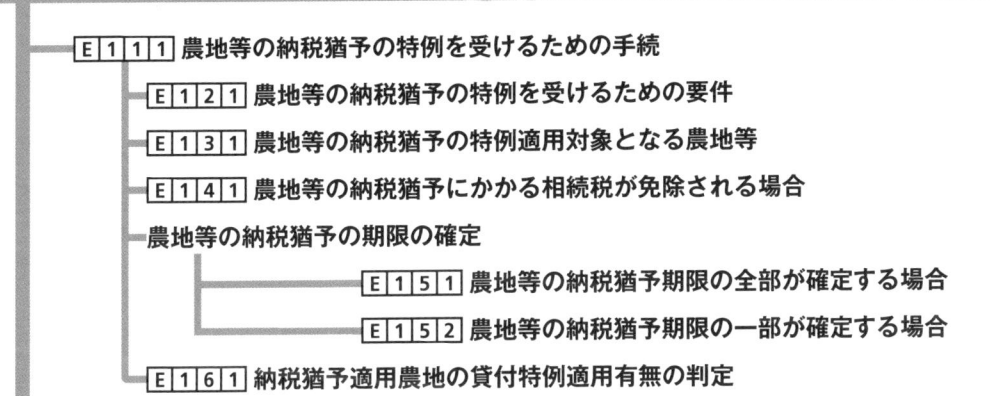

- E111 農地等の納税猶予の特例を受けるための手続
- E121 農地等の納税猶予の特例を受けるための要件
- E131 農地等の納税猶予の特例適用対象となる農地等
- E141 農地等の納税猶予にかかる相続税が免除される場合
- 農地等の納税猶予の期限の確定
  - E151 農地等の納税猶予期限の全部が確定する場合
  - E152 農地等の納税猶予期限の一部が確定する場合
- E161 納税猶予適用農地の貸付特例適用有無の判定

農地等の相続税の納税猶予の特例の適用が完了

業務フロー E111
農地等の納税猶予の特例を受けるための手続

```
┌─────────────────────────────────────┐
│     納税猶予の適用要件を確認          │  To  E121
└─────────────────────────────────────┘      E131
                  ↓
┌─────────────────────────────────────┐
│ 遺言又は遺産分割協議により農業相続人を決定 │
└─────────────────────────────────────┘
                  ↓
┌─────────────────────────────────────┐
│        担保提供書類の作成              │
└─────────────────────────────────────┘
                  ↓
┌─────────────────────────────────────┐
│「相続税の納税猶予に関する適格者証明書」の発行│
│         （農業委員会にて発行）          │
└─────────────────────────────────────┘
                  ↓
┌─────────────────────────────────────┐
│      上記以外の必要添付書類の作成       │
└─────────────────────────────────────┘
                  ↓
┌─────────────────────────────────────┐
│ 特例農地等が採草放牧地・準農地その他の農地である│
│ 場合・特定貸付けを行っている場合には所定の手続 │
└─────────────────────────────────────┘
                  ↓
┌─────────────────────────────────────┐
│   納税猶予継続等のため一定の留意事項    │  To  E141
└─────────────────────────────────────┘      E151
                                              E152
                                              E161
                  ↓
```

農地等の納税猶予特例の適用手続の整備が完了

E 農地等の相続税の納税猶予の特例　189

判定フロー E121 農地等の納税猶予の特例を受けるための要件

From E111 → To E111

- 被相続人は死亡の日まで農業を営んでいる個人 —No→ 納税猶予の特例の適用はできない
- ↓ Yes
- 農業相続人は相続税の申告期限までに農業経営を開始 —No→
- ↓ Yes
- 農業相続人は申告期限後も農業経営を継続 —No→
- ↓ Yes
- 農業相続人が取得する農地は相続税の納税猶予の適用対象となる特例農地等に該当 —No→
- ↓ Yes
- 農業相続人が申告期限までに特例農地等を取得 —No→
- ↓ Yes
- 相続税の期限内申告書を提出 —No→
- ↓ Yes
- 所定の手続を行うことにより農地等の納税猶予の特例の適用が可能

判定フロー E131 農地等の納税猶予の特例適用対象となる農地等

From E111 / To E111

- 農地は家庭菜園や工場敷地等での一時耕作に該当 → **Yes** → 特例適用対象となる農地等に該当しない
- ↓ **No**
- 特定市街化区域農地等（都市営農農地等を除く）に該当 → **Yes** → 特例適用対象となる農地等に該当しない
- ↓ **No**
- 都市営農農地等で、生産緑地法の規定による買取りの申出がされた → **Yes** → 特例適用対象となる農地等に該当しない
- ↓ **No**
- 遊休農地に該当 → **Yes** → 特例適用対象となる農地等に該当しない
- ↓ **No**
- 特例適用対象となる農地等に該当する

判定フロー E141 農地等の納税猶予にかかる相続税が免除される場合

From E111 / To E111

- 農業相続人が死亡した → **Yes**
- ↓ **No**
- 一定の要件を満たす農業相続人による特例農地等の生前一括贈与（一部贈与の場合はその一部分）をした → **Yes**
- ↓ **No**
- 特例農地等が都市営農農地等ではない市街化区域内農地等である場合、申告期限の翌日から20年を経過した → **Yes**
- ↓ **No**
- 納税猶予額は免除されない

Yes の場合： 免除届出書を相続税の納税地の所轄税務署長に提出 → 納税猶予分の相続税は免除される

判定フロー E151 農地等の納税猶予期限の全部が確定する場合

From E111 / To E111

- 収用交換等以外の事由により、特例農地等の20％を超える面積の農地等の譲渡等を行った → **Yes**
- ↓ **No**
- 農業相続人が特例農地等にかかる農業の経営を廃止した → **Yes**
- ↓ **No**
- 農業相続人が後継者へ特例農地等の贈与を行った場合贈与しなかった部分がある（その贈与しなかった部分） → **Yes**
- ↓ **No**
- 「相続税の納税猶予の継続届出書」の提出を怠った（3年ごとに提出が必要） → **Yes**
- ↓ **No**
- 増担保又は担保変更の命令があった場合それに応じなかった → **Yes**
- ↓ **No**
- 納税猶予の特例の適用は継続される

Yes の場合：納税猶予税額の全額 ＋ 利子税 を一括納付する必要あり

判定フロー E152

農地等の納税猶予期限の一部が確定する場合

From E111 → To E111

- 特例農地等につき、収用交換等による譲渡等を行った（利子税は2分の1の金額） → **Yes**
  - ↓ **No**
- 収用交換等以外の事由により、特例農地等の20％以下の面積の農地等の譲渡等を行った → **Yes**
  - ↓ **No**
- 準農地につき納税猶予の適用を受けていた場合、申告期限から10年を経過しても農地等として耕作の用に供していない → **Yes**
  - ↓ **No**
- 特例農地等につき一定の要件を満たす買取りの申出等があった → **Yes**
  - ↓ **No**
- 納税猶予の特例の適用は継続される

Yes の場合： 納税猶予税額の一部 ＋ 利子税 を一括納付する必要あり

判定フロー E161 納税猶予適用農地の貸付特例適用有無の判定

From E111 / To E111

- 農業相続人が会社員等で農耕に従事していない場合でも、重要な経営の意思決定等を行っている
  - No → 納税猶予の特例は適用できない
  - Yes ↓
- 農業相続人が疾病等により農業経営等が継続できない場合に、営農困難時貸付の特例を適用した
  - No → 納税猶予の特例は適用できない
  - Yes ↓
- 納税猶予の特例は適用できる

F 相続税の納付

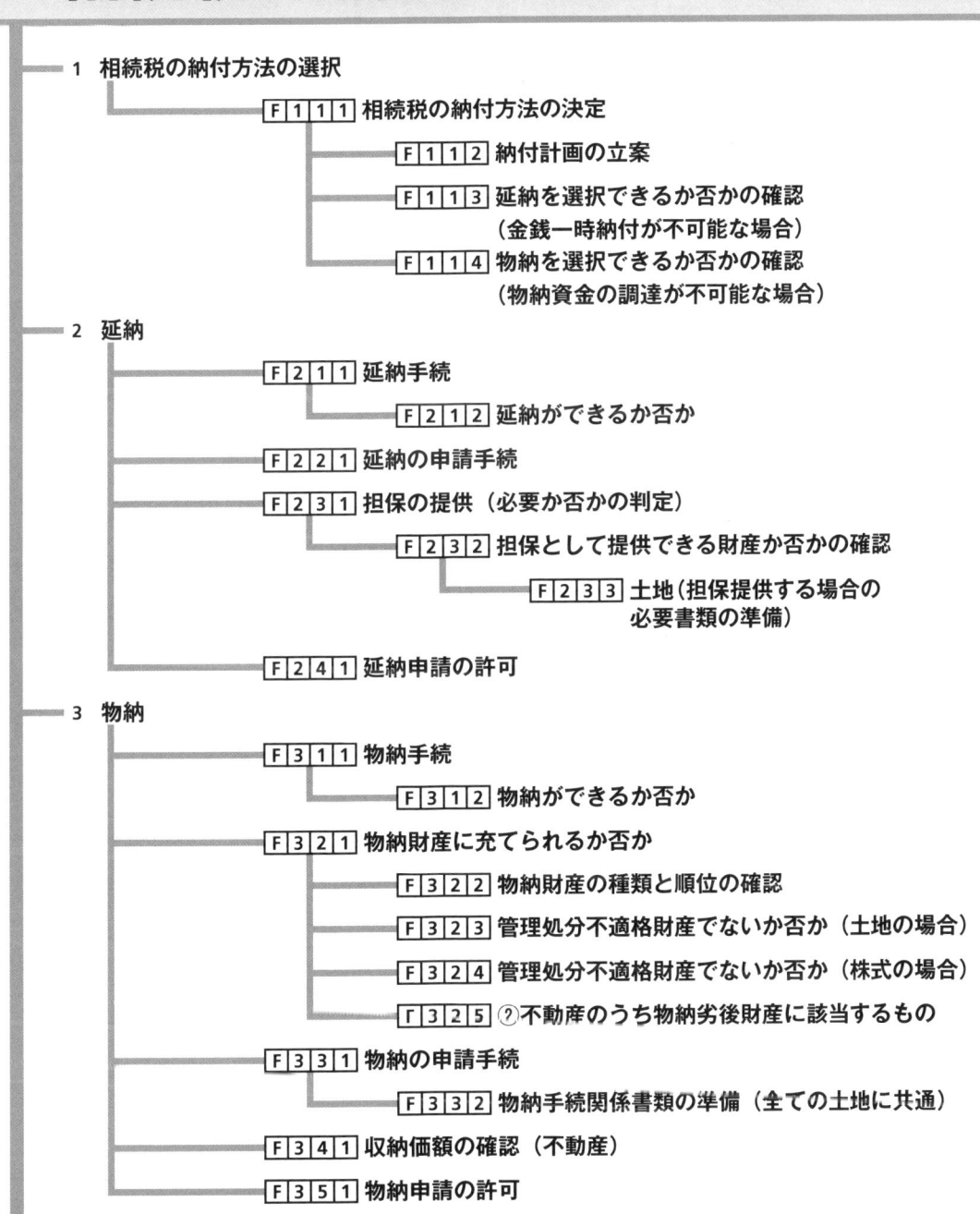

- 1 相続税の納付方法の選択
  - F111 相続税の納付方法の決定
    - F112 納付計画の立案
    - F113 延納を選択できるか否かの確認（金銭一時納付が不可能な場合）
    - F114 物納を選択できるか否かの確認（物納資金の調達が不可能な場合）
- 2 延納
  - F211 延納手続
    - F212 延納ができるか否か
  - F221 延納の申請手続
  - F231 担保の提供（必要か否かの判定）
    - F232 担保として提供できる財産か否かの確認
      - F233 土地（担保提供する場合の必要書類の準備）
  - F241 延納申請の許可
- 3 物納
  - F311 物納手続
    - F312 物納ができるか否か
  - F321 物納財産に充てられるか否か
    - F322 物納財産の種類と順位の確認
    - F323 管理処分不適格財産でないか否か（土地の場合）
    - F324 管理処分不適格財産でないか否か（株式の場合）
    - F325 ⑦不動産のうち物納劣後財産に該当するもの
  - F331 物納の申請手続
    - F332 物納手続関係書類の準備（全ての土地に共通）
  - F341 収納価額の確認（不動産）
  - F351 物納申請の許可

相続税の納付の完了

業務フロー　F111
相続税の納付方法の決定

- 納付税額の試算

  ↓

- 納付計画の立案　　　**To** F112

  ↓

- 金銭一時納付が可能か否かの確認

  ↓

- 延納を選択できるか否かの確認　　　**To** F113

  ↓

- 物納を選択できるか否かの確認　　　**To** F114

  ↓

- 納付税額の確定

  ↓

相続税の納付方法が決定

F 相続税の納付　197

業務フロー F112 納付計画の立案

From F111
To F111

↓

相続預金と固有預金による納税可能額の検討

▼

金融機関からの借入れによる金銭一時納付と延納との比較

▼

延納を選択する場合の担保物件の有無と担保価値の確認

▼

物納申請財産の譲渡可能性と売却見込額の調査

▼

保有資産（固有財産又は相続財産）の売却による
納付の場合の譲渡所得課税の有無と税額の確認

▼

物納申請する場合の費用負担の確認

▼

納付計画の立案の完了

判定フロー F113
延納を選択できるか否かの確認
（金銭一時納付が不可能な場合）

From: F111
To: F111

- 経常的収入からの納付が不可能である
  - No → 延納を選べる（延納手続き） To: F211
  - Yes ↓
- 概ね1年以内の臨時的な収入が無い
  - No → 延納を選べる（延納手続き） To: F211
  - Yes ↓
- 延納を選べない

判定フロー F114

物納を選択できるか否かの確認
（納税資金の調達が不可能な場合）

From F111
To F111

物納適格財産又は物納劣後財産がある → **Yes** → 物納を選べる（物納手続き） To F311

↓ **No**

物納を選べない（＝納付計画の再検討）

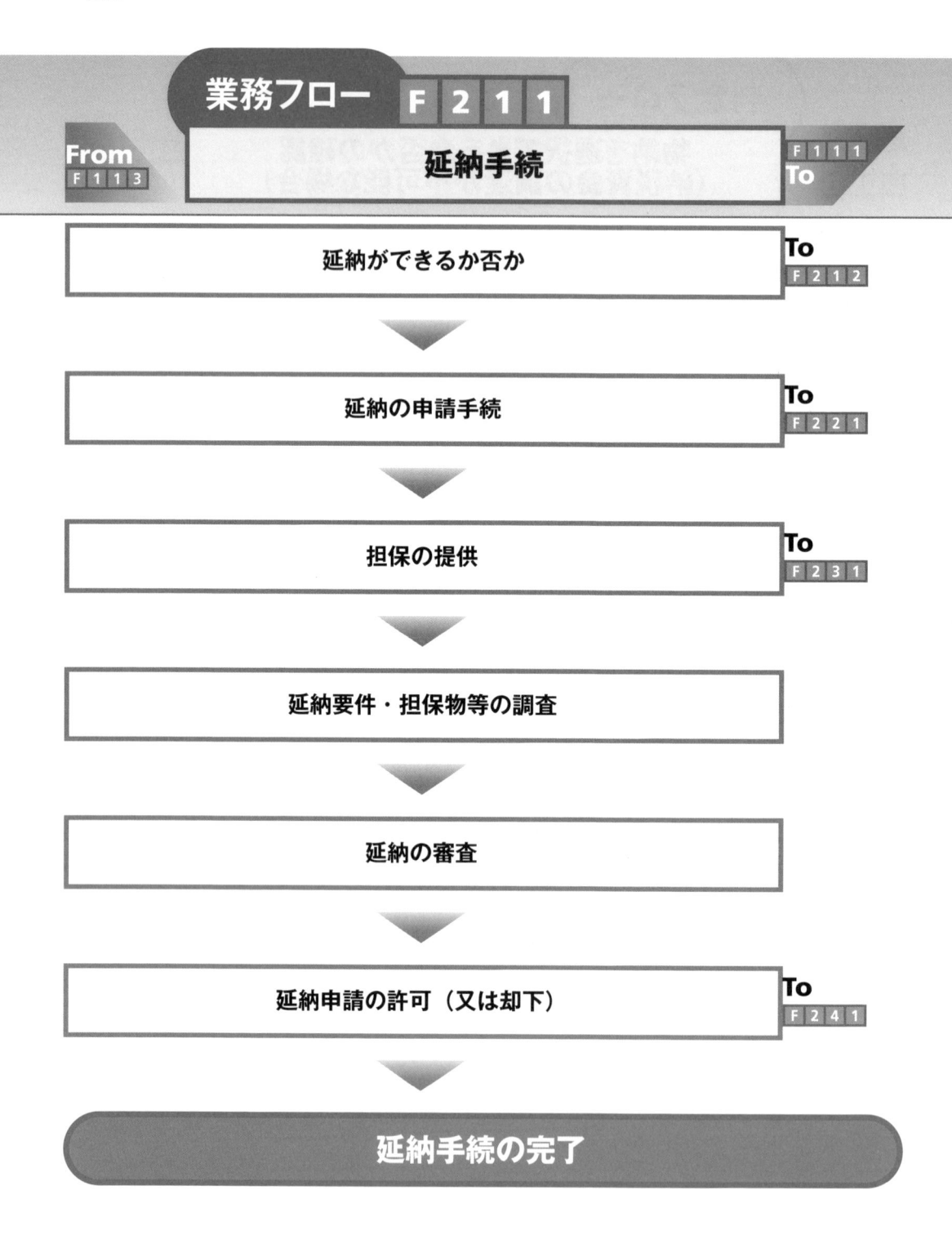

業務フロー F211 延納手続

From F113
To F111

- 延納ができるか否か → To F212
- 延納の申請手続 → To F221
- 担保の提供 → To F231
- 延納要件・担保物等の調査
- 延納の審査
- 延納申請の許可(又は却下) → To F241
- 延納手続の完了

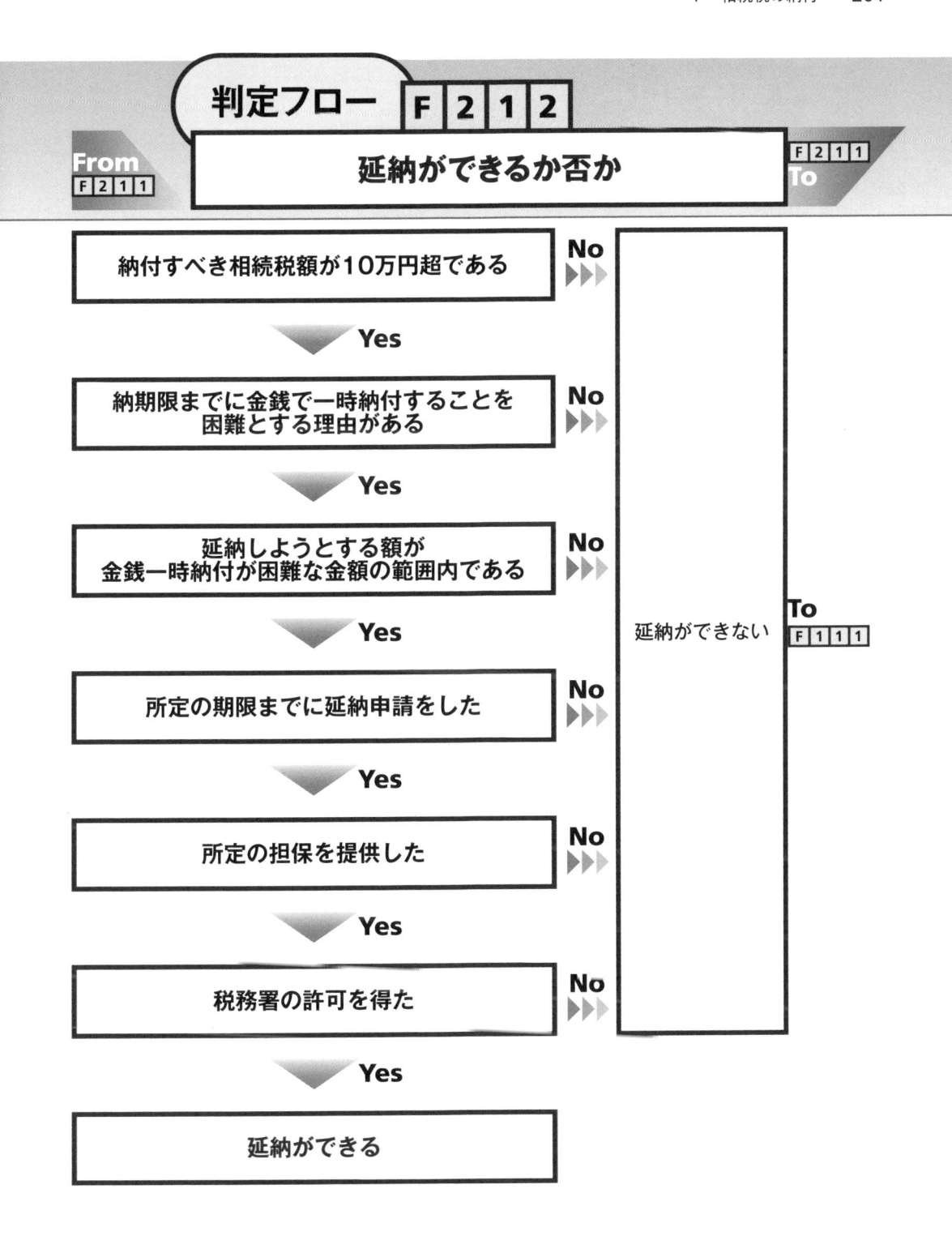

判定フロー F212 延納ができるか否か

From F211 → To F211

```
納付すべき相続税額が10万円超である
  │ Yes                    No ▶▶▶ 延納ができない (To F111)
  ▼
納期限までに金銭で一時納付することを困難とする理由がある
  │ Yes                    No ▶▶▶
  ▼
延納しようとする額が金銭一時納付が困難な金額の範囲内である
  │ Yes                    No ▶▶▶
  ▼
所定の期限までに延納申請をした
  │ Yes                    No ▶▶▶
  ▼
所定の担保を提供した
  │ Yes                    No ▶▶▶
  ▼
税務署の許可を得た
  │ Yes                    No ▶▶▶
  ▼
延納ができる
```

業務フロー F221 延納の申請手続

From F211 / To F211

```
金銭納付を困難とする理由書
          ↓
金銭納付困難の理由・記載金額の内容を説明する資料の写し
          ↓
延納申請書
          ↓
不動産等の財産の明細書
          ↓
担保目録及び担保提供書（延納申請書別紙）
          ↓
抵当権設定登記承諾書・担保物件の所有者の印鑑証明書
          ↓
担保提供関係書類提出期限延長届出書
（申告期限内に必要書類の準備ができない場合）
          ↓
延納の申請手続の完了
```

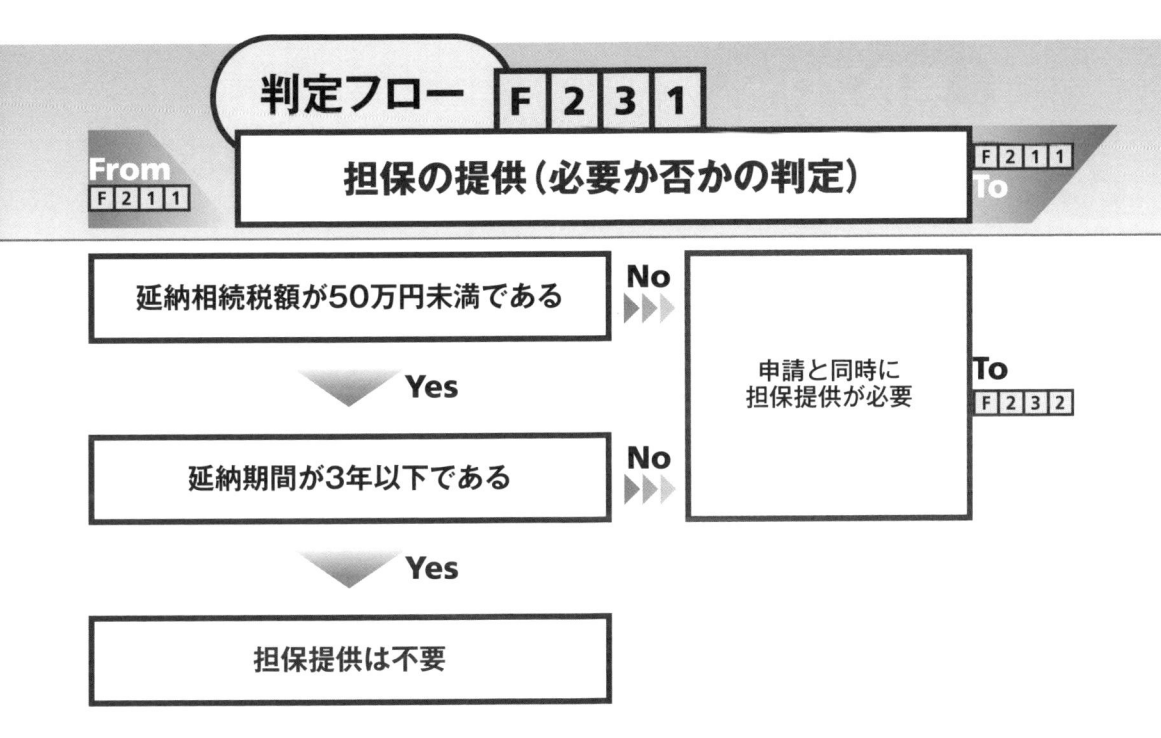

判定フロー F231

担保の提供(必要か否かの判定)

From F211
To F211

- 延納相続税額が50万円未満である
  - No → 申請と同時に担保提供が必要 (To F232)
  - Yes ↓
- 延納期間が3年以下である
  - No → 申請と同時に担保提供が必要 (To F232)
  - Yes ↓
- 担保提供は不要

業務フロー F232 担保として提供できる財産か否かの確認

From F231
To F211

土地 → **To** F233

↓

国債及び地方債

↓

社債その他の有価証券で税務署長等が確実と認めるもの
（＝原則として上場株式）

↓

建物、立木及び登記・登録される船舶、飛行機、
回転翼航空機、自動車、建設機械で、保険に附したもの

↓

鉄道財団、工場財団、鉱業財団、軌道財団、運河財団、
漁業財団、港湾運送事業財団、道路鉱業事業財団及び観光施設財団

↓

税務署長等が確実と認める保証人の保証

↓

担保として提供できる財産か否かの確認が完了

業務フロー F233 土地（担保提供する場合の必要書類の準備）

From F232 / To F232

登記簿全部事項証明書（登記簿謄本）

↓

固定資産税評価証明書

↓

抵当権設定登記承諾書

↓

担保物件の所有者の印鑑証明書

↓

土地を担保提供する場合の必要書類の準備が完了

判定フロー F241 延納申請の許可

From F211 / To F211

- 金銭による納付を困難とする理由がある
  - No → 延納申請が許可されない（＝却下される） To F112
  - Yes ↓
- 担保の提供がある
  - No → 同上
  - Yes ↓
- 提出した担保提供関係書類に不足・不備があった場合所定の期限までにその訂正・提出をした
  - No → 同上
  - Yes ↓
- 担保提供関係書類の不足・不備について補完期限の延長届出をした場合その延長期限までに訂正・提出をした
  - No → 同上
  - Yes ↓
- 税務署長による担保の変更要求があった場合所定の期限までに担保の変更等をした
  - No → 同上
  - Yes ↓
- 延納申請が許可される

F　相続税の納付　207

業務フロー　F311　物納手続

From F114 / To F111

手順	To
物納ができるか否か	F312
物納財産に充てられるか否か	F321
物納財産の種類と順位の確認	F322
物納の申請手続	F331
物納の審査（物納不動産の現地調査など）	
収納価額の確認	F341
物納申請の許可（又は却下）	F351
物納財産の収納	

物納手続の完了

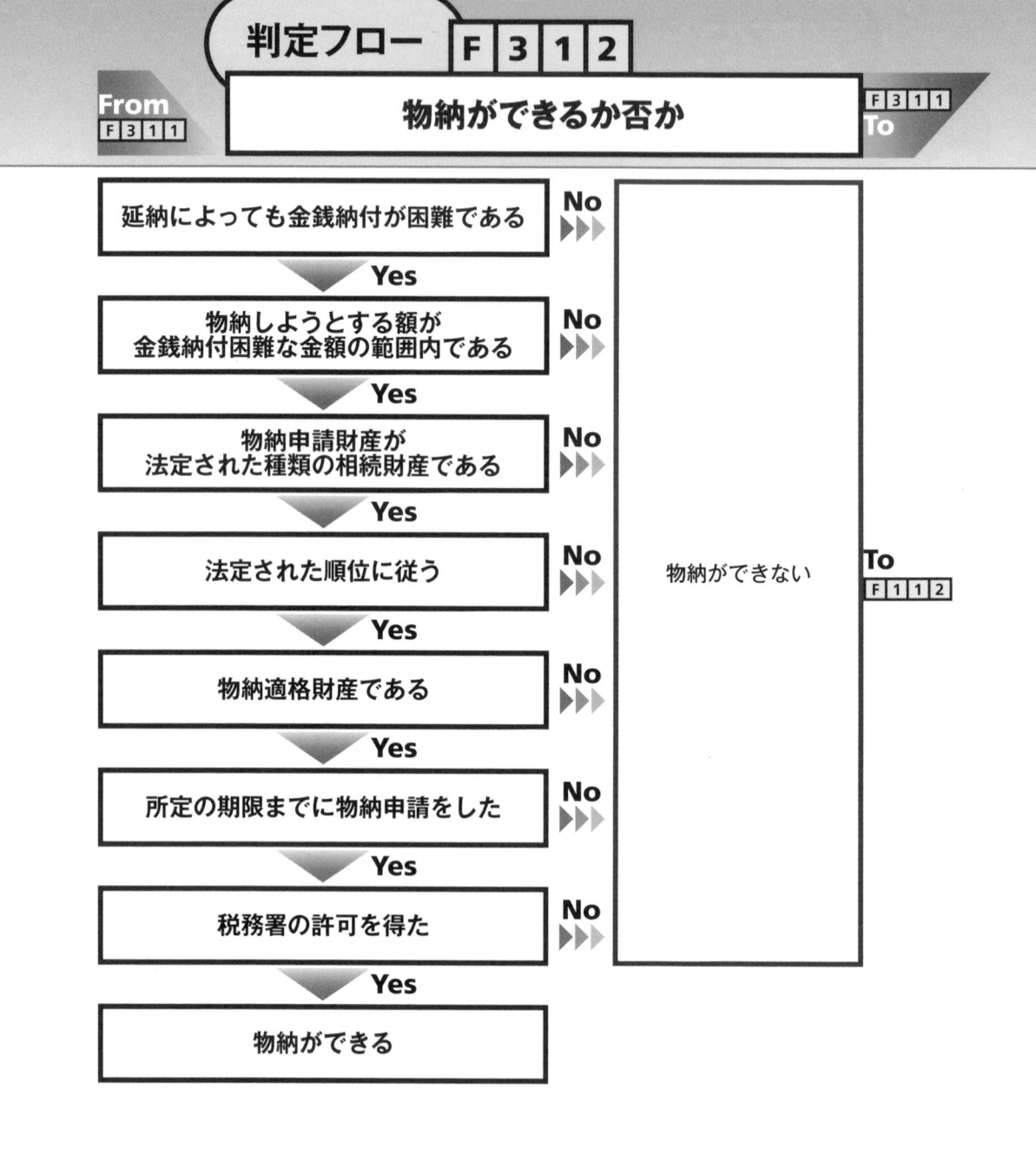

判定フロー F312 物納ができるか否か

From: F311
To: F311

- 延納によっても金銭納付が困難である → No → 物納ができない (To F112)
  - Yes ↓
- 物納しようとする額が金銭納付困難な金額の範囲内である → No → 物納ができない
  - Yes ↓
- 物納申請財産が法定された種類の相続財産である → No → 物納ができない
  - Yes ↓
- 法定された順位に従う → No → 物納ができない
  - Yes ↓
- 物納適格財産である → No → 物納ができない
  - Yes ↓
- 所定の期限までに物納申請をした → No → 物納ができない
  - Yes ↓
- 税務署の許可を得た → No → 物納ができない
  - Yes ↓
- 物納ができる

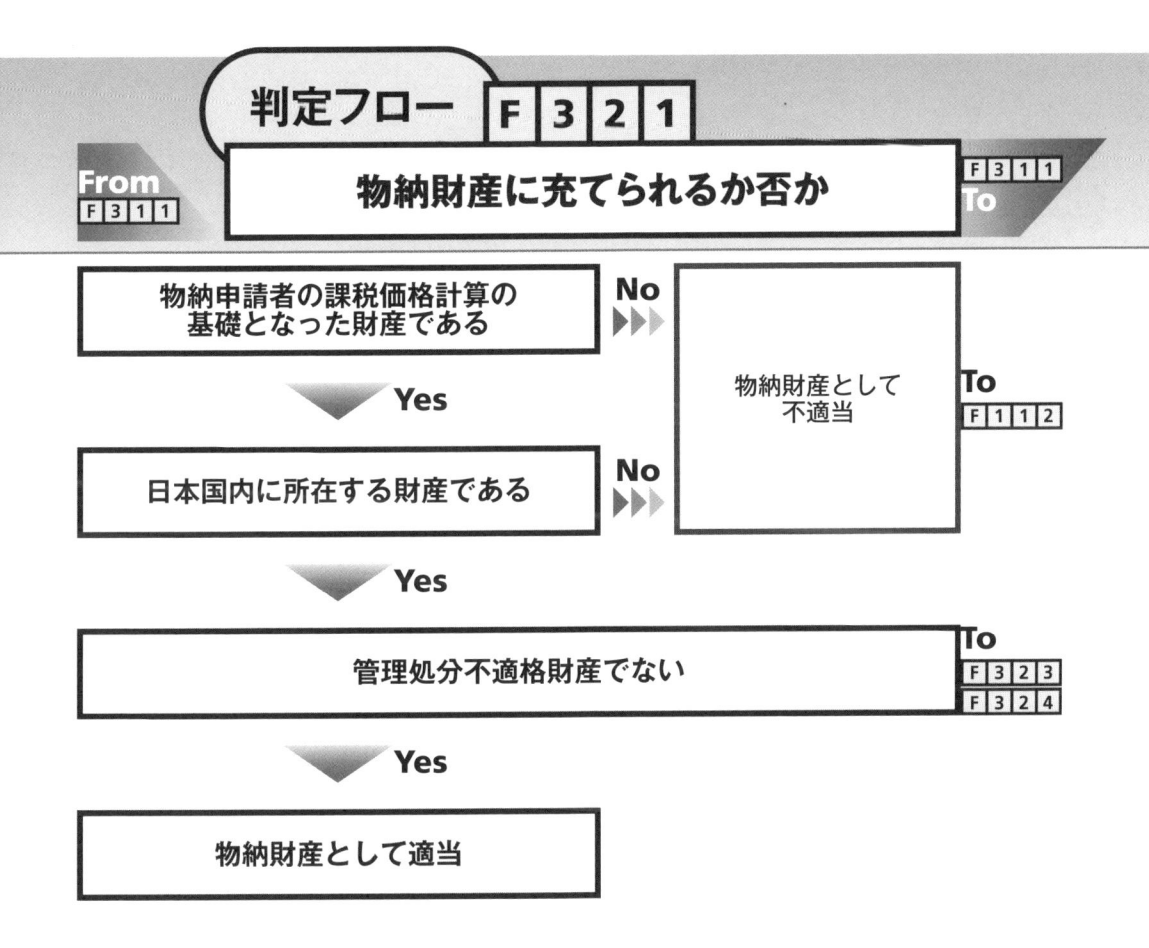

判定フロー F321 物納財産に充てられるか否か

From: F311
To: F311

- 物納申請者の課税価格計算の基礎となった財産である
  - No → 物納財産として不適当 (To F112)
  - Yes ↓
- 日本国内に所在する財産である
  - No → 物納財産として不適当 (To F112)
  - Yes ↓
- 管理処分不適格財産でない (To F323 / F324)
  - Yes ↓
- 物納財産として適当

業務フロー F322 物納財産の種類と順位の確認

From F311
To F311

① 国債、地方債、不動産、船舶、特定登録美術品

↓

② 不動産のうち物納劣後財産に該当するもの

To F325

↓

③ 社債、株式、証券投資信託又は貸付信託の受益証券

↓

④ 株式のうち物納劣後財産に該当するもの

↓

⑤ 動産

↓

物納財産の種類と順位の確認完了

判定フロー F323 管理処分不適格財産でないか否か（土地の場合）

From F321 / To F321

- 担保権が設定されていること その他これに準ずる事情がある → **Yes**：管理処分不適格財産（＝物納申請が却下される）
- ↓ No
- 権利の帰属について争いがある → **Yes**
- ↓ No
- 境界が明らかでない → **Yes**
- ↓ No
- 隣接する不動産の所有者との争訟によらなければ通常の使用ができないと見込まれる → **Yes**
- ↓ No
- 他の土地に囲まれて公道に通じず通行権の内容が明確でない → **Yes**
- ↓ No
- 借地権の目的となっている土地で借地権を有する者が不明である → **Yes**
- ↓ No
- 他の不動産と社会通念上一体として利用されている → **Yes**
- ↓ No
- 敷金の返還にかかる債務を国が負担する → **Yes**
- ↓ No
- 管理処分価額が収納価額よりも過大と見込まれる → **Yes**
- ↓ No
- 管理処分不適格財産でない（可能性が高い）

判定フロー F324 管理処分不適格財産でないか否か（株式の場合）

From F321 → To F321

- 譲渡制限株式である → **Yes** → 管理処分不適格財産（＝物納申請が却下される）
- ↓ **No**
- 質権その他の担保権の目的となっている株式である → **Yes** → 管理処分不適格財産（＝物納申請が却下される）
- ↓ **No**
- 権利の帰属について争いのある株式である → **Yes** → 管理処分不適格財産（＝物納申請が却下される）
- ↓ **No**
- 二以上の者の共有に属する株式である（共有者全員が物納申請する場合を除く） → **Yes** → 管理処分不適格財産（＝物納申請が却下される）
- ↓ **No**
- 一般競争入札により売却することとした場合において、有価証券通知書・目論見書が提出される見込みが無い → **Yes** → 管理処分不適格財産（＝物納申請が却下される）
- ↓ **No**
- 管理処分不適格財産でない（可能性が高い）

判定フロー F325

②不動産のうち物納劣後財産に該当するもの

From F322 → To F322

- 地上権、永小作権、耕作を目的とする賃借権、地役権又は入会権が設定されている土地である → **Yes** → 物納劣後財産
- ↓ No
- 法令の規定に違反して建築された、又は建築ができない建物及びその敷地である → **Yes** → 物納劣後財産
- ↓ No
- 土地区画整理事業等により仮換地等の指定がされていない → **Yes** → 物納劣後財産
- ↓ No
- 納税義務者の居住又は事業の用に供されている建物及びその敷地である → **Yes** → 物納劣後財産
- ↓ No
- 劇場、工場、浴場など維持管理に特殊技能を要する → **Yes** → 物納劣後財産
- ↓ No
- 建築基準法第43条第1項道路に2メートル以上接していない → **Yes** → 物納劣後財産
- ↓ No
- 基準に適合しない開発行為に係る土地である → **Yes** → 物納劣後財産
- ↓ No
- 市街化区域以外の区域にある土地である → **Yes** → 物納劣後財産
- ↓ No
- 農用地区域や保安林として指定された区域内の土地である → **Yes** → 物納劣後財産
- ↓ No
- 正常な取引が行われない恐れがある、又はこれに隣接する不動産である → **Yes** → 物納劣後財産
- ↓ No
- 物納劣後財産でない（可能性が高い）

業務フロー F331 物納の申請手続

From F311
To F311

```
金銭納付を困難とする理由書
        ↓
金銭納付困難の理由・記載金額の内容を説明する資料の写し
        ↓
物納手続関係書類チェックリストの確認（国税庁HPより）
        ↓
物納手続関係書類の準備  → To F332
        ↓
物納申請書
        ↓
物納財産目録（物納申請書別紙）
        ↓
各種確約書（物納財産収納手続書類提出等確約書）
        ↓
物納手続関係書類提出期限延長届出書
（申告期限内に必要書類の準備ができない場合）
        ↓
    物納の申請手続の完了
```

業務フロー F332 物納手続関係書類の準備（全ての土地に共通）

From F331 → To F331

↓ 相続登記後の登記簿全部事項証明書（登記簿謄本）

↓ 公図の写し、土地の所在を明らかにする住宅地図の写し等

↓ 地積測量図

↓ 境界線に関する確認書

↓ **物納手続関係書類の準備完了（全ての土地に共通）**

判定フロー F341 収納価額の確認（不動産）

From F311 → To F311

- 土地の地目変換があった → **Yes**
- ↓ No
- 荒地となった → **Yes**
- ↓ No
- 竹木の植付け又は伐採をした → **Yes**
- ↓ No
- 所有権以外の物権又は借地権の設定、変更又は消滅があった → **Yes**
- ↓ No
- 家屋の取壊又は増築があった → **Yes**
- ↓ No
- 自家用家屋が貸家となった → **Yes**
- ↓ No
- 引き続き居住の用に供する土地又は家屋を物納した → **Yes**
- ↓ No
- 財産の使用、収益又は処分について制限が付けられた → **Yes**
- ↓ No
- 原則どおり「課税価格計算の基礎となった価額」による

Yes の場合：「著しい変化」があったため収納価額を改訂する

F 相続税の納付 217

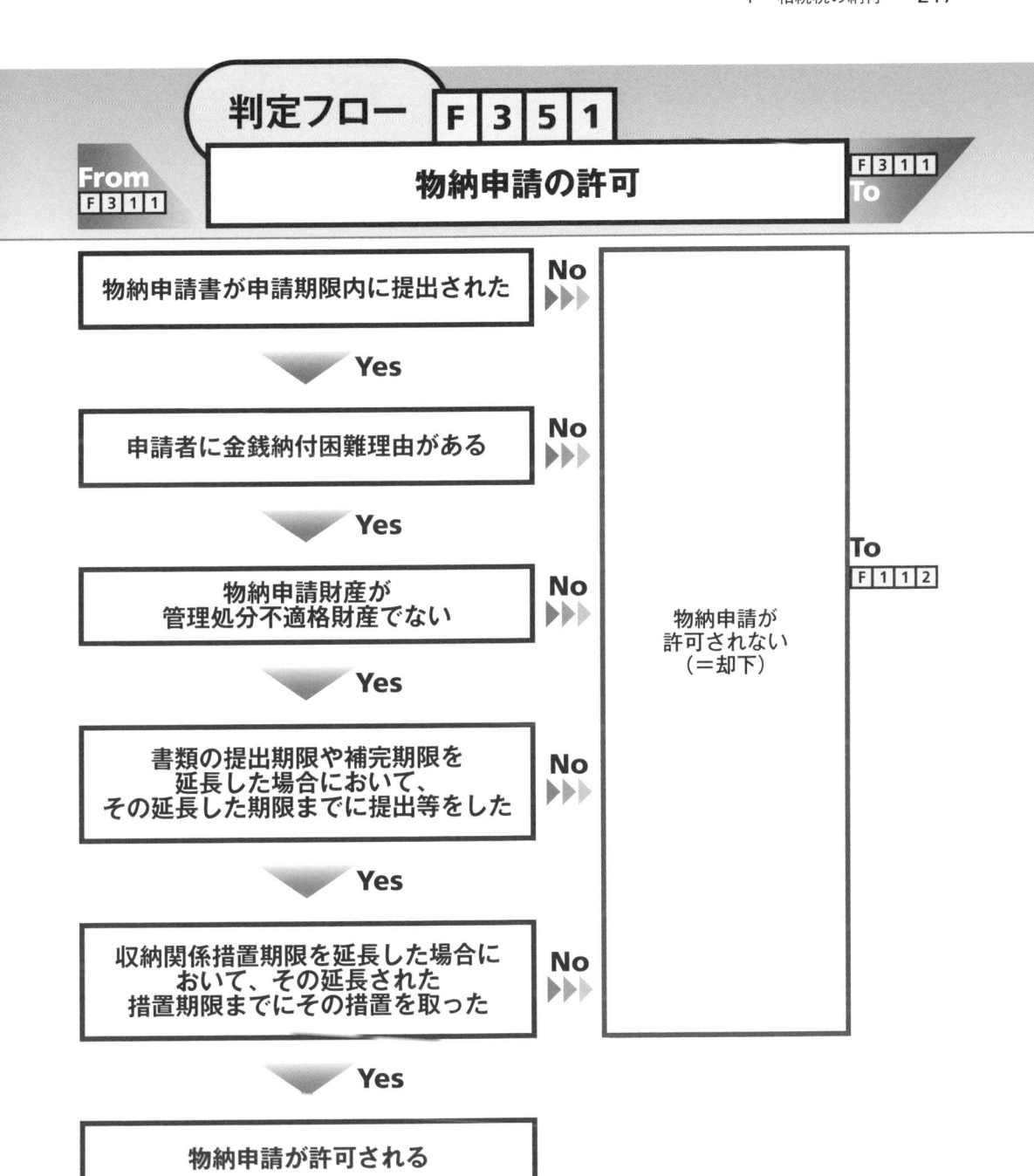

判定フロー F351 物納申請の許可

From F311
To F311

- 物納申請書が申請期限内に提出された → No
- ↓ Yes
- 申請者に金銭納付困難理由がある → No
- ↓ Yes
- 物納申請財産が管理処分不適格財産でない → No
- ↓ Yes
- 書類の提出期限や補完期限を延長した場合において、その延長した期限までに提出等をした → No
- ↓ Yes
- 収納関係措置期限を延長した場合において、その延長された措置期限までにその措置を取った → No
- ↓ Yes
- 物納申請が許可される

No の場合:物納申請が許可されない（＝却下） To F112

G 相続税の申告後の諸問題(1)－相続税の申告後の税務問題

- G111 相続税の申告後の税務問題
  - G211 修正申告書
    - G221 税務調査前の修正申告
    - G231 税務調査後の修正申告
    - G241 加算税が課されない修正申告の判定
    - G251 延滞税が課されない修正申告の判定
  - G311 更正の請求
    - G321 更正の請求の手続の一般的な流れ
    - G331 更正の請求（国税通則法）
    - G341 更正の請求（相続税法）
  - G411 未分割遺産が分割された場合
    - G421 未分割遺産が分割された場合の期限後申告
    - G431 未分割遺産が分割された場合の修正申告
    - G441 未分割遺産が分割された場合の更正の請求
  - G511 遺留分の減殺請求があった場合
    - G521 遺留分の減殺請求があった場合の期限後申告
    - G531 遺留分の減殺請求があった場合の修正申告
    - G541 遺留分の減殺請求があった場合の更正の請求
  - G611 申告期限から3年以内に相続財産の譲渡があった場合
    - G621 相続財産を譲渡した場合の相続税の取得費加算の特例の適用手続
    - G631 相続した非上場株式を発行会社に譲渡した場合のみなし配当課税の特例
  - G711 税務調査
    - G721 相続税の税務調査の一連の流れ
    - G731 税務調査を受ける前の準備
    - G741 申告内容に非違がある場合の取扱い
    - G751 申告内容に非違がある場合の加算税の取扱い
  - G811 不服申立
    - G821 不服申立制度の概要
    - G831 異議申立の手続
    - G841 審査請求の手続
    - G851 課税処分取消請求の税務訴訟の手続

業務フロー G111

相続税の申告後の税務問題

- 修正申告 → To G211
- 更正の請求 → To G311
- 未分割遺産が分割された場合 → To G411
- 遺留分の減殺請求があった場合 → To G511
- 申告期限から3年以内に相続財産の譲渡があった場合 → To G611
- 税務調査 → To G711
- 不服申立 → To G811

相続税の申告後の税務問題の手続が完了

G 相続税の申告後の諸問題(1)—相続税の申告後の税務問題　221

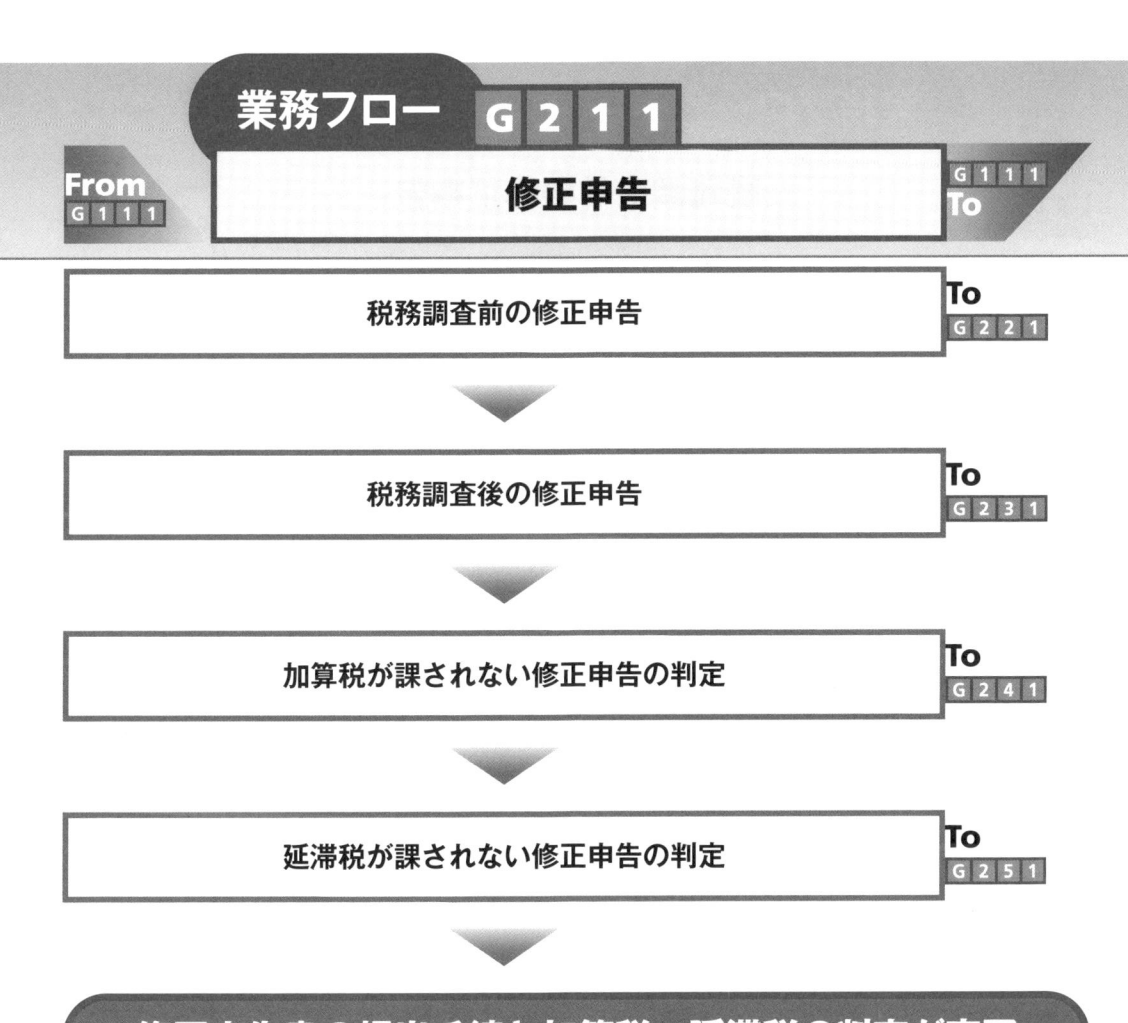

業務フロー G211

修正申告

From G111
To G111

- 税務調査前の修正申告　To G221
- 税務調査後の修正申告　To G231
- 加算税が課されない修正申告の判定　To G241
- 延滞税が課されない修正申告の判定　To G251

修正申告書の提出手続と加算税・延滞税の判定が完了

G(1)

業務フロー G221 税務調査前の修正申告

From G211
To G211

- 当初申告が過少だったことが申告期限後に判明
- 相続税評価額及び税額の再計算
- 当初申告からの不足税額を算出
- 税務署から更正があるまでの間は修正申告書の提出が可能
- 一定の事由に該当する場合、延滞税は免除される　To G251
- 修正申告書の提出日までに不足税額を納付

修正申告の手続が完了

G 相続税の申告後の諸問題(1)－相続税の申告後の税務問題　223

業務フロー　G 2 3 1

税務調査後の修正申告

From G 7 2 1
To G 2 1 1

G(1)

- 税務署から調査結果の内容（誤りの内容・金額・理由）の連絡

　▼

- 修正申告の勧奨

　▼

- 相続税評価額及び税額の再計算

　▼

- 当初申告からの不足税額を算出

　▼

- 税務署から更正があるまでの間は修正申告書の提出が可能

　▼

- 一定の事由に該当する場合、加算税・延滞税は免除

To G 2 4 1 / G 2 5 1

　▼

- 修正申告書の提出日までに不足税額を納付

　▼

修正申告の手続が完了

判定フロー G241 加算税が課されない修正申告の判定

From G231 / To G231

- 他の相続人が贈与を受けていた場合、当該財産を課税価格に算入すべき事実を提出期限後に知った → **Yes**
- ↓ No
- 死亡退職金の支給があった場合、当該退職金支給確定日が期限内申告書の提出期限後である → **Yes**
- ↓ No
- 遺留分による減殺請求があった場合、返還すべき又は弁償すべき額が確定した → **Yes**
- ↓ No
- 遺言書がある場合、その発見が期限内申告書の提出期限後であった → **Yes**
- ↓ No
- 上記以外の事由の場合、加算税及び延滞税が免除される事由により修正申告書の提出必要性が生じた → **Yes**
- ↓ No
- 上記以外の事由の場合、加算税特有の免除要件事由により修正申告書の提出必要性が生じた → **Yes**

→ 修正申告を行うことにつき、正当な理由あり → 加算税が課されない

- ↓ No
- 修正申告を行うことにつき正当な理由がないため加算税が課される

判定フロー G251 延滞税が課されない修正申告の判定

From: G221, G231
To: G221, G231

- 他の相続人が贈与を受けていた場合、当該財産を課税価格に算入すべき事実を提出期限後に知った → **Yes** → 修正申告を行うことにつき、正当な理由あり → 延滞税が課されない
- No ↓
- 死亡退職金の支給があった場合、当該退職金支給確定日が期限内申告書の提出期限後である → **Yes** → （同上）
- No ↓
- 遺留分による減殺請求があった場合、返還すべき又は弁償すべき額が確定した → **Yes** → （同上）
- No ↓
- 遺言書がある場合、その発見が期限内申告書の提出期限後であった → **Yes** → （同上）
- No ↓
- 上記以外の事由の場合、加算税及び延滞税が免除される事由により修正申告書の提出必要性が生じた → **Yes** → （同上）
- No ↓
- 修正申告を行うことにつき正当な理由がないため延滞税が課される

業務フロー　G311

更正の請求

From G111　　　　　　　　　　　　　　To G111

- 更正の請求の手続の一般的な流れ　　To G321
- 更正の請求（国税通則法）　　To G331
- 更正の請求（相続税法）　　To G341

更正の請求の提出手続が完了

業務フロー G 3 2 1
更正の請求の手続の一般的な流れ

From G 3 1 1
To G 3 1 1

```
当初申告が過大だったことが申告期限後に判明
        ▼
相続税評価額及び税額を再計算し当初申告からの過大税額を算出
        ▼
それぞれの事由による期間内に必要資料を添付し、       To
税務署長に対して更正の請求                        G 3 3 1
                                              G 3 4 1
        ▼
平成23年12月1日以前に申告期限が到来する申告
につき税額還付を求める場合には「更正の申出書」
(以後、この手続きは「更正の請求」に含まれるものとする) を提出
        ▼
所轄税務署長が調査を開始
        ▼
更正の請求に相当の理由があると認められる場合、
所轄税務署長は「減額更正処分」を行う
        ▼
「減額更正処分」は通常3ヶ月以内を目途に行われ
納付が完了している場合、過大税額は還付される
        ▼
更正の請求に相当の理由がない場合、                  To
所轄税務署長は「更正をすべき理由がない旨」の通知を行う   G 8 1 1
        ▼
更正の請求の手続が完了
```

判定フロー G331 更正の請求（国税通則法）

From: G321
To: G321

- 申告期限後に、課税価格や税額の計算に誤りがあり当初申告税額が過大であることを発見した → **Yes** → 法定申告期限から5年以内に更正の請求を行うことができる
- ↓ **No**
- 申告期限後に、課税価格や税額の計算に誤りがあり当初申告による還付税額が過少であることを発見した → **Yes** → 法定申告期限から5年以内に更正の請求を行うことができる
- ↓ **No**
- 相続税の申告期限後に、事実に関する訴えの判決により当初申告税額が過大又は還付税額が過少となった → **Yes** → それぞれの事由が生じた日の翌日から2ヶ月以内 ↓ 更正の請求を行うことができる
- ↓ **No**
- 申告をした者に対する課税物件が他の者に帰属するものとする更正又は決定が申告期限後にあった → **Yes** → それぞれの事由が生じた日の翌日から2ヶ月以内 ↓ 更正の請求を行うことができる
- ↓ **No**
- 上記以外の事由でやむを得ない理由があると認められる事実が申告期限後に生じた → **Yes** → それぞれの事由が生じた日の翌日から2ヶ月以内 ↓ 更正の請求を行うことができる
- ↓ **No**
- 更正の請求を行うことができる事由に該当しない

判定フロー G341 更正の請求（相続税法）

From: G321 / G441 / G541
To: G321

```
┌─────────────────────────────────────────────────────┐
│ 未分割遺産の分割が確定したことにより課税価格が減少し、 │──Yes──┐
│ 納付すべき相続税額が減少した                        │       │
└─────────────────────────────────────────────────────┘       │
                        │No                                    │
┌─────────────────────────────────────────────────────┐       │
│ 相続の放棄の取り消し等の事由により相続人の数に       │──Yes──┤
│ 異動が生じ、納付すべき相続税額が減少した             │       │
└─────────────────────────────────────────────────────┘       │
                        │No                                    │
┌─────────────────────────────────────────────────────┐       │
│ 遺留分の減殺請求による弁償額等の確定により、         │──Yes──┤
│ 納付すべき相続税額が減少した                        │       │
└─────────────────────────────────────────────────────┘       │
                        │No                                    │
┌─────────────────────────────────────────────────────┐       │
│ 申告期限後に遺言書が発見され納付すべき相続税額が減少した │──Yes──┤
└─────────────────────────────────────────────────────┘       │
                        │No                                    │
┌─────────────────────────────────────────────────────┐       │
│ 上記以外の更正の請求ができる相続特有の事由により、   │──Yes──┤
│ 納付すべき相続税額が減少した                        │       │
└─────────────────────────────────────────────────────┘       │
                        │No                                    │
┌─────────────────────────────────────────────────────┐       │
│ 更正の請求を行うことができる事由に該当しない         │       │
└─────────────────────────────────────────────────────┘       │
```

相続税の申告期限後に左記事由が生じた場合
↓
左記事由が生じたことを知った日の翌日から4ヶ月以内
↓
更正の請求を行うことができる

業務フロー G411　未分割遺産が分割された場合

From: G111
To: G111

- 未分割遺産が分割された場合の期限後申告　To G421
- 未分割遺産が分割された場合の修正申告　To G431
- 未分割遺産が分割された場合の更正の請求　To G441

未分割遺産が分割された場合の申告手続が完了

判定フロー G421 未分割遺産が分割された場合の期限後申告

From D412 / To D313

- 遺産分割協議に時間を要し申告後に遺産分割が確定した
  - No → 左記事由による期限後申告の手続は不要
  - Yes ↓
- 上記遺産分割により新たに申告義務が生じた
  - No → 左記事由による期限後申告の手続は不要
  - Yes ↓
- トータルの税額が変わらないが、各相続人がそれぞれの事由に応じた期限後申告・修正申告・更正の請求を行った
  - No → 左記事由による期限後申告の手続は不要
  - Yes ↓
- 期限後申告の手続

判定フロー G431 未分割遺産が分割された場合の修正申告

From D412
To G221 / G231

- 遺産分割協議に時間を要し申告後に遺産分割が確定した → **No**
  - ↓ **Yes**
- 上記遺産分割により既に確定した税額に不足が生じた → **No**
  - ↓ **Yes**
- トータルの税額が変わらないが、各相続人がそれぞれの事由に応じた期限後申告・修正申告・更正の請求を行った → **No**
  - ↓ **Yes**
- 修正申告の手続

※ No の場合：左記事由による修正申告の手続は不要

判定フロー G441 未分割遺産が分割された場合の更正の請求

From D412
To G321 / G341

```
遺産分割協議に時間を要し申告後に遺産分割が確定した
        │
       Yes ──No──▶ ┐
        ▼           │
上記遺産分割により既に確定した税額に不足が生じた     │
        │                                        │
       Yes ──No──▶ │ 左記事由による更正の
        ▼           │ 請求の手続は不可
トータルの税額が変わらないが、各相続人がそれぞれの │
事由に応じた期限後申告・修正申告・更正の請求を行った │
        │                                        │
       Yes ──No──▶ ┘
        ▼
更正の請求の手続
```

業務フロー G511 遺留分の減殺請求があった場合

From G111　　To G111

- 遺留分の減殺請求があった場合の期限後申告　To G521
- 遺留分の減殺請求があった場合の修正申告　To G531
- 遺留分の減殺請求があった場合の更正の請求　To G541

遺留分の減殺請求があった場合の申告手続が完了

判定フロー G521 遺留分の減殺請求があった場合の期限後申告

From A821 / To D313

- 申告期限後に遺留分の減殺請求による弁償額が確定した → No：左記事由による期限後申告の手続は不要
- ↓ Yes
- 上記事由により新たに申告義務が生じた → No：左記事由による期限後申告の手続は不要
- ↓ Yes
- トータルの税額が変わらないが、各相続人がそれぞれの事由に応じた期限後申告・修正申告・更正の請求を行った → No：左記事由による期限後申告の手続は不要
- ↓ Yes
- 期限後申告の手続

判定フロー G531

遺留分の減殺請求があった場合の修正申告

From A821
To G221 / G231

- 申告期限後に遺留分の減殺請求による弁償額が確定した → **No** →
  ↓ Yes
- 上記遺産分割により既に確定した税額に不足が生じた → **No** →
  ↓ Yes
- トータルの税額が変わらないが、各相続人がそれぞれの事由に応じた期限後申告・修正申告・更正の請求を行った → **No** →
  ↓ Yes
- 修正申告の手続

（No の場合）左記事由による修正申告の手続は不要

判定フロー G541 遺留分の減殺請求があった場合の更正の請求

From A821
To G321 / G341

- 申告期限後に遺留分の減殺請求による弁償額が確定した → **No** → 左記事由による更正の請求の手続は不可
- ↓ **Yes**
- 上記遺産分割により既に確定した税額に不足が生じた → **No**
- ↓ **Yes**
- トータルの税額が変わらないが、各相続人がそれぞれの事由に応じた期限後申告・修正申告・更正の請求を行った → **No**
- ↓ **Yes**
- 更正の請求の手続

業務フロー G611

From G111

申告期限から3年以内に相続財産の譲渡があった場合

To G111

相続財産を譲渡した場合の相続税の取得費加算の特例の適用手続 **To** G621

↓

相続した非上場株式を発行会社に譲渡した場合のみなし配当課税の特例 **To** G631

↓

申告期限から3年以内に相続財産の譲渡があった場合の所得税の特例適用手続が完了

業務フロー G621

相続財産を譲渡した場合の相続税の取得費加算の特例の適用手続

From G611
To G611
To G631

```
相続により財産を取得した者が相続税の申告期限の
翌日以後3年以内に相続財産を譲渡した場合
          ▼
譲渡財産の取得費にその者の相続税額のうち、
一定金額を加算して譲渡所得を計算することが可能
          ▼
特例の適用を受ける年分の所得税確定申告書の
特例適用条文欄に「措置法第39条」と記載
          ▼
「相続財産の取得費に加算される相続税の計算明細書」を添付
          ▼
相続税の申告書第1表・11表・14表・15表の写しを添付
          ▼
土地等を物納又は物納申請中の場合は
物納に関する書類の写しを添付
          ▼
分離課税の譲渡所得を含む所得税の確定申告書を提出
          ▼
```

相続税の取得費加算の特例の適用手続が完了

判定フロー G631 相続した非上場株式を発行会社に譲渡した場合のみなし配当課税の特例

From G621 / To G621

```
相続又は遺贈により財産を取得した個人でその相続
又は遺贈につき支払った相続税がある
        │
       Yes                                    No ▶▶▶ ┐
        ▼                                            │
相続税の申告期限の翌日以後3年を経過する日までに、           │
特例の適用を受けようとする非上場株式を発行会社に譲渡した    │
        │                                            │
       Yes                                    No ▶▶▶ │ みなし配当
        ▼                                            │ 課税の特例
譲渡時までに必要な添付書類を発行会社経由で                  │ の適用は
発行会社の所轄税務署長に提出した                            │ できない
        │                                            │ （配当所得
       Yes                                    No ▶▶▶ │ として、
        ▼                                            │ 総合課税
発行会社は上記書類を譲り受けた日の属する年の翌年           │ される）
1月31日までに上記書面とあわせて所轄税務署長に提出した      │
        │                                            │
       Yes                                    No ▶▶▶ ┘
        ▼
みなし配当課税が適用される金額は譲渡所得として
課税され、申告分離課税となる
```

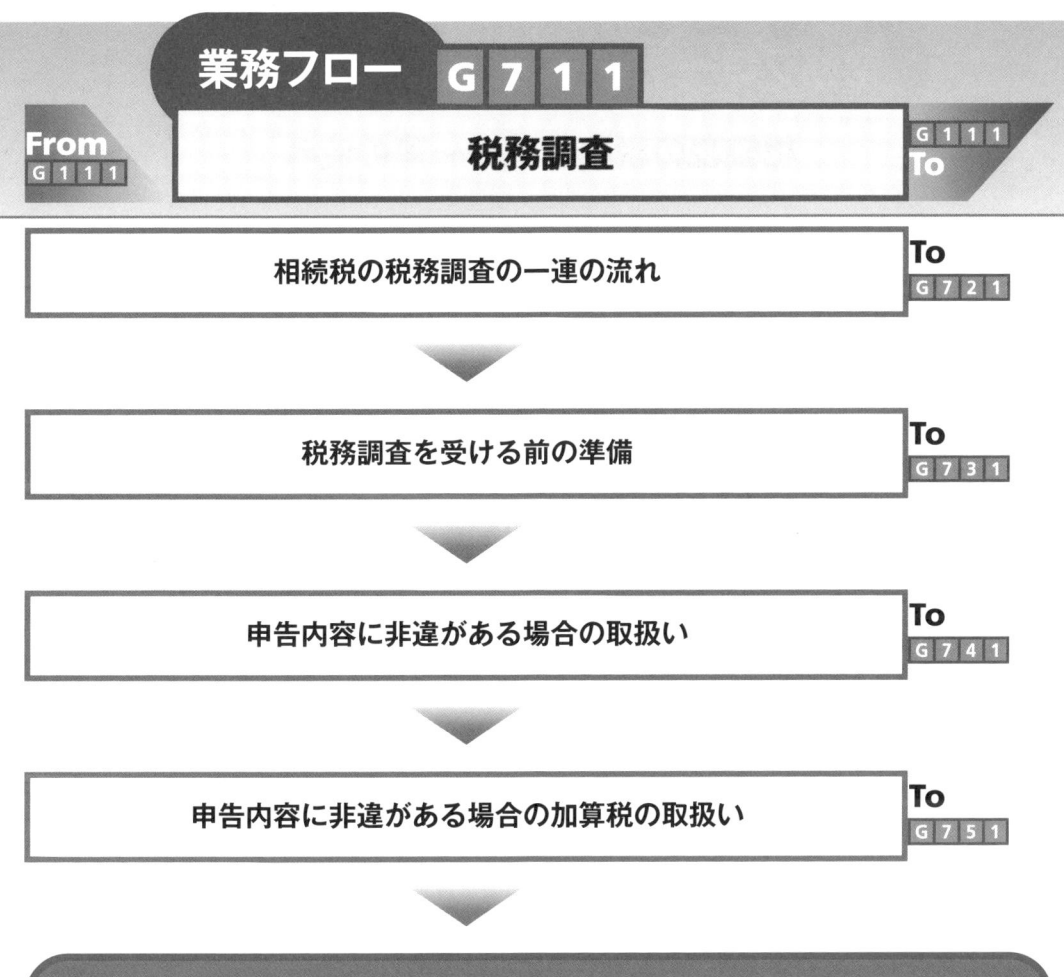

業務フロー G711

税務調査

From: G111
To: G111

- 相続税の税務調査の一連の流れ　To G721
- 税務調査を受ける前の準備　To G731
- 申告内容に非違がある場合の取扱い　To G741
- 申告内容に非違がある場合の加算税の取扱い　To G751

相続税の税務調査を受けた場合の申告等手続が完了

業務フロー G721 相続税の税務調査の一連の流れ

From: G711
To: G711

```
納税者（又は税務代理人）に対して所轄税務署から
税務調査を行う旨の「事前通知」
          ↓
事前通知により調査日時・場所・目的・税目等の連絡
          ↓
税務調査を受ける前の準備              To
（税務代理人である税理士等との打ち合わせ）   G731
          ↓
税務職員が「相続税に関する財産若しくは土地等に関する書類」
の調査を開始（＝臨場調査の実施）
          ↓
税務職員はやむを得ない場合は対象物件の留置きが可能
（＝書類等の持ち帰りが可能）
          ↓
税務職員からコピーを求められた場合、原則的には応じる
必要がある（コピー代の請求は可能）
          ↓
申告内容に非違がない場合
「更正決定等をすべきと認められない旨の通知」によりその旨が伝えられる
          ↓                          To
申告内容に非違がある場合「更正決定等をすべきと認められる」  D313
旨の説明が行われ、期限後申告又は修正申告の勧奨が行われる   G231
                                    G741
          ↓
      税務調査の終了
```

業務フロー G731 税務調査を受ける前の準備

From G721 / To G721

```
納税者（又は税務代理人）に対して所轄税務署から
税務調査を行う旨の「事前通知」
         ↓
税務代理人である税理士等がいる場合
連絡を行い相談・打ち合わせ
         ↓
相続税申告書及び添付資料の内容について再度確認
         ↓
相続税申告を行うに当たってポイントとなった論点の整理・確認
         ↓
税務調査日時を検討し税務署へ連絡
         ↓
調査日時の決定
         ↓
税務調査の開始
```

判定フロー G741 申告内容に非違がある場合の取扱い

From: G721, G751
To: D313, G231, G811

- 税務署からの「期限後申告又は修正申告の勧奨」前に期限後申告又は修正申告を行った → Yes
  - No ↓
- 決定すべき旨の通知がある場合で、税務署からの「期限後申告の勧奨」に応じて期限後申告を行った → Yes
  - No ↓
- 更正すべき旨の通知がある場合で、税務署からの「修正申告の勧奨」に応じて修正申告を行った → Yes
  - No ↓
- 税務署から決定又は更正処分を受ける

Yes の場合：期限後申告書又は修正申告書を所轄税務署へ提出

判定フロー G751 申告内容に非違がある場合の加算税の取扱い

From: G741
To: G741

- 調査による更正を予知したものではない修正申告をした（＝自主的な修正申告） → **Yes** → 過少申告加算税は賦課されない
- ↓ No
- 過少申告となったことに「正当な理由」がある → **Yes** → 過少申告加算税は賦課されない
- ↓ No
- 期限内申告書提出後に行われる上記以外の事由による修正申告をした又は更正処分を受けた → **Yes** → 10％の過少申告加算税（一定金額は15％）
- ↓ No
- 調査による決定を予知したものでなく期限内申告の意思があり、法定申告期限2週間以内の期限後申告 → **Yes** → 無申告加算税は賦課されない
- ↓ No
- 期限後申告となったことに「正当な理由」がある → **Yes** → 無申告加算税は賦課されない
- ↓ No
- 調査による決定を予知したものではない期限後申告をした（その申告にかかる修正申告を含む） → **Yes** → 5％の無申告加算税
- ↓ No
- 上記以外の事由による期限後申告をした又は決定処分を受けた（その後の修正申告・更正を含む） → **Yes** → 20％の無申告加算税（一定金額は15％）
- ↓ No
- 過少申告加算税が課される場合で、税額計算等の基礎となる事実の全部又は一部を隠蔽又は仮装していた → **Yes** → 35％の重加算税
- ↓ No
- 無申告加算税が課される場合で、税額計算等の基礎となる事実の全部又は一部を隠蔽又は仮装していた → **Yes** → 40％の重加算税
- ↓
- それぞれの事由により加算税の賦課割合が異なる

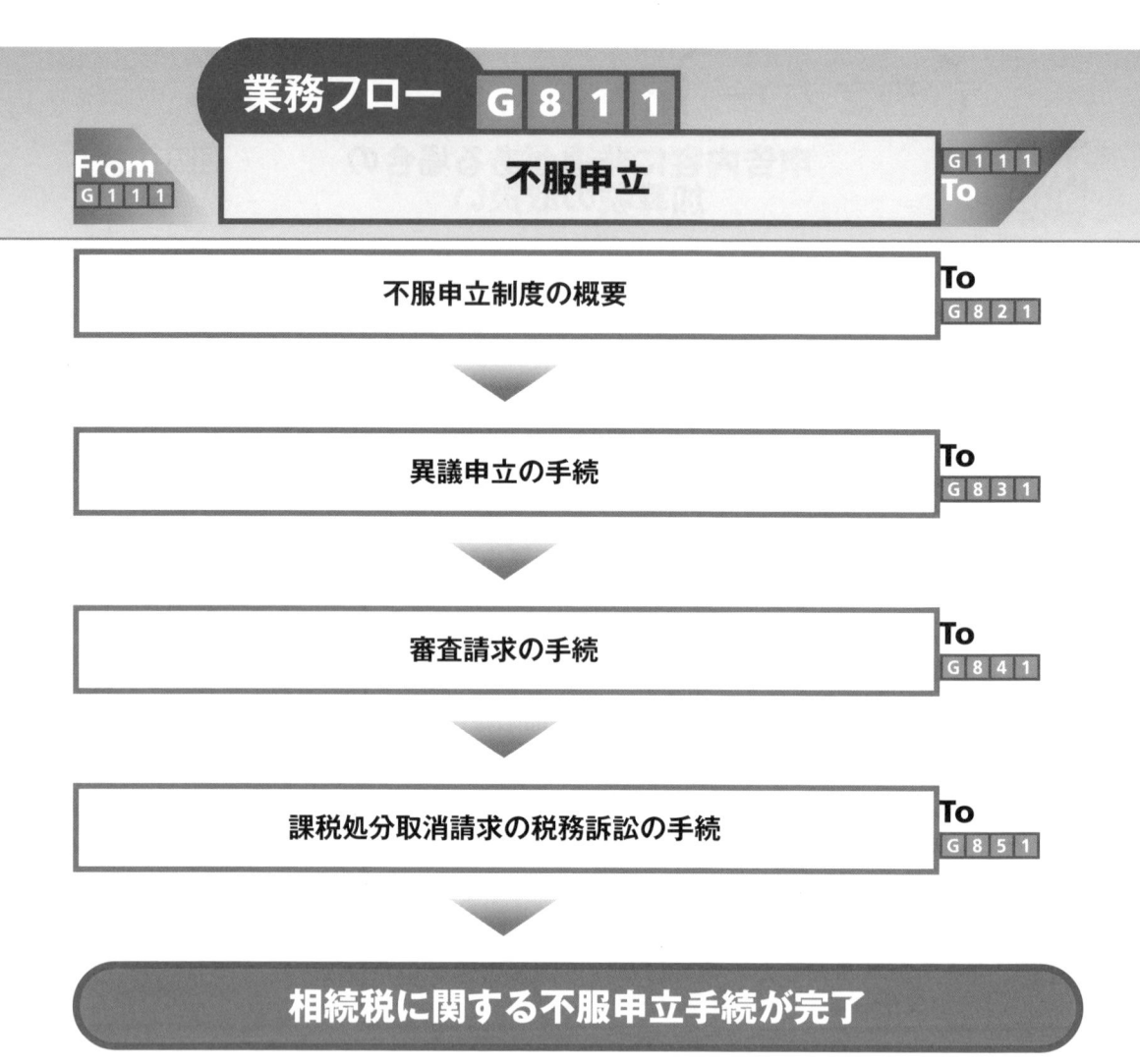

業務フロー G811 不服申立

From: G111
To: G111

- 不服申立制度の概要　To G821
- 異議申立の手続　To G831
- 審査請求の手続　To G841
- 課税処分取消請求の税務訴訟の手続　To G851

相続税に関する不服申立手続が完了

G 相続税の申告後の諸問題(1)－相続税の申告後の税務問題

業務フロー G 8 2 1 　不服申立制度の概要

From G 8 1 1
To G 8 1 1

- 不服申立制度は不服申立前置主義を採用
  To G 8 3 1 / G 8 4 1 / G 8 5 1

- 税務署長等の行った更正・決定処分等に不服がある場合

- 不服申立（行政手続）
  To G 8 3 1 / G 8 4 1

又は

- （不服申立が棄却等された場合）
  税務訴訟（司法救済手続）を行うことが可能
  To G 8 5 1

- それぞれの事由により異議申立書・審査請求書・訴状等の必要書類を作成

不服申立の手続が完了

G(1)

判定フロー G831 異議申立の手続

From G821 / To G841

- 税務署長等の行った更正・決定処分に不服がある
  - No → 更正・決定処分に従う
  - Yes ↓
- 処分の通知を受けた日の翌日から2ヶ月以内に処分を行った行政庁に異議申立書を提出した
  - No → 更正・決定処分に従う
  - Yes ↓
- 税務署長等は事実の調査・審理を行い、申立ての棄却又は処分の（一部）取消しを決定

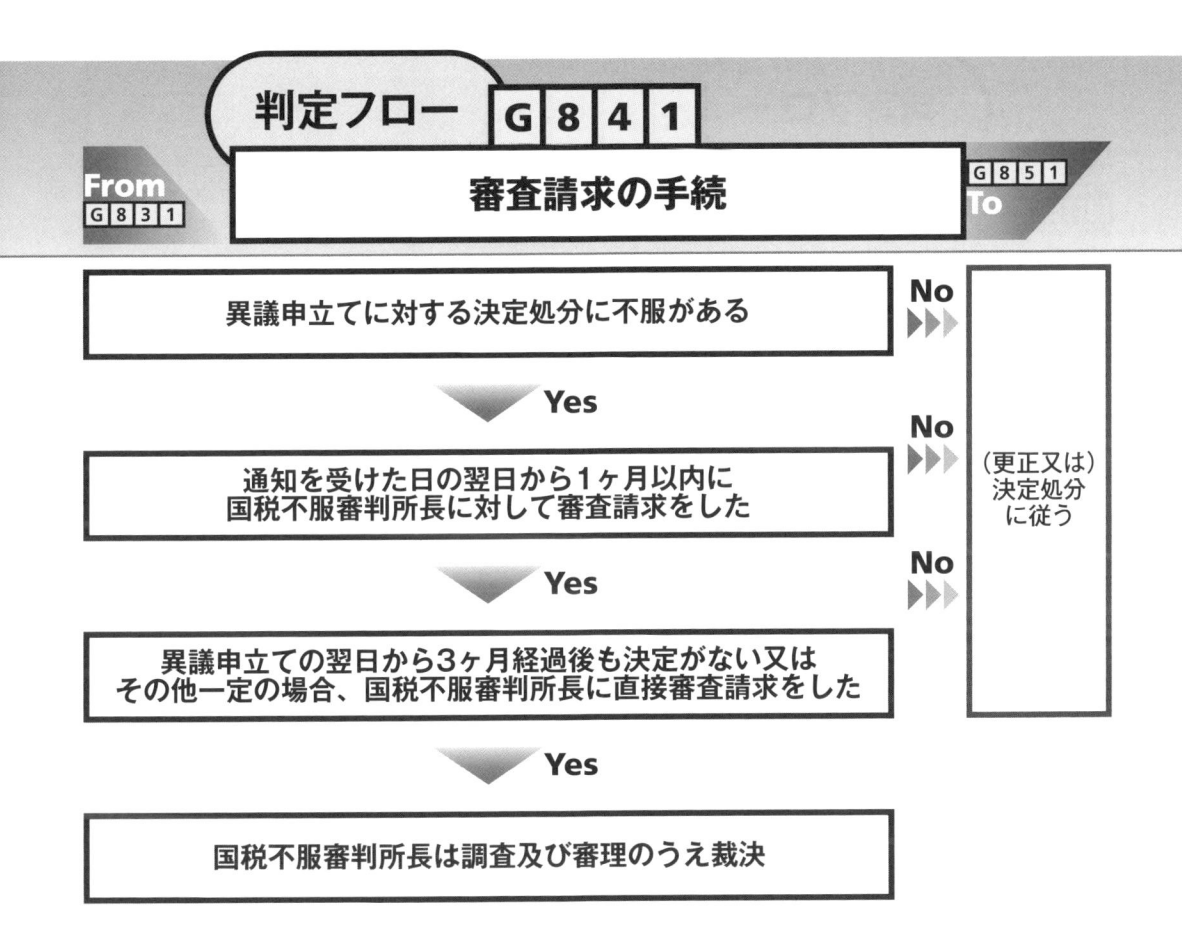

判定フロー G841 審査請求の手続

From G831
To G851

- 異議申立てに対する決定処分に不服がある
  - No → （更正又は）決定処分に従う
  - Yes ↓
- 通知を受けた日の翌日から1ヶ月以内に国税不服審判所長に対して審査請求をした
  - No → （更正又は）決定処分に従う
  - Yes ↓
- 異議申立ての翌日から3ヶ月経過後も決定がない又はその他一定の場合、国税不服審判所長に直接審査請求をした
  - No → （更正又は）決定処分に従う
  - Yes ↓
- 国税不服審判所長は調査及び審理のうえ裁決

判定フロー G851 課税処分取消請求の税務訴訟の手続

From G841
To G811

- 国税不服審判所長の裁決があった後の処分に不服がある
  - No → 国税不服審判所長の裁決が確定する
  - Yes ↓
- 通知を受けた日の翌日から6ヶ月以内に裁判所に対して訴えを提起した
  - No → 国税不服審判所長の裁決が確定する
  - Yes ↓
- 審査請求の翌日から3ヶ月経過後も裁決がない場合裁決を待たずに訴訟を提起した
  - No → 国税不服審判所長の裁決が確定する
  - Yes ↓
- 裁判所により課税処分の取消の可否につき判決が言い渡される

G 相続税の申告後の諸問題(2)―相続財産の名義変更手続

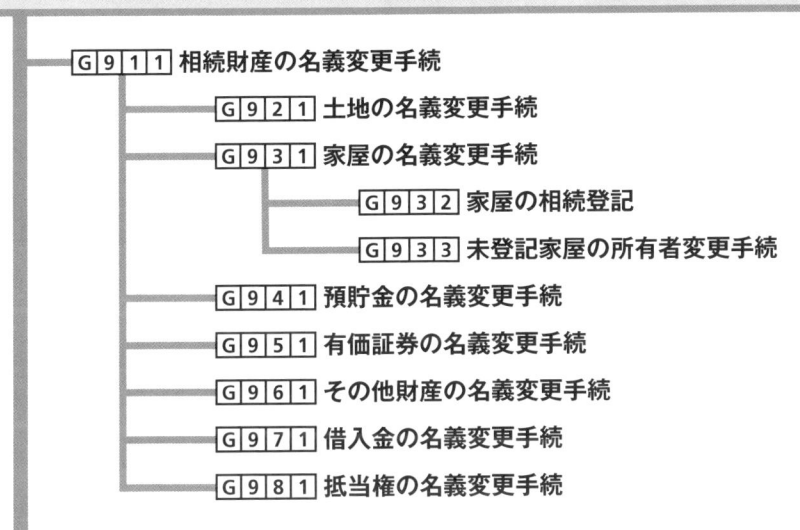

- G911 相続財産の名義変更手続
  - G921 土地の名義変更手続
  - G931 家屋の名義変更手続
    - G932 家屋の相続登記
    - G933 未登記家屋の所有者変更手続
  - G941 預貯金の名義変更手続
  - G951 有価証券の名義変更手続
  - G961 その他財産の名義変更手続
  - G971 借入金の名義変更手続
  - G981 抵当権の名義変更手続

相続財産の名義変更手続が完了

業務フロー G911 相続財産の名義変更の手続

From: G111
To: G111

- 土地の名義変更手続 → To G921
- 家屋の名義変更手続 → To G931
- 預貯金の名義変更手続 → To G941
- 有価証券の名義変更手続 → To G951
- その他財産の名義変更手続 → To G961
- 借入金の名義変更手続 → To G971
- 抵当権の名義変更手続 → To G981
- 未払金・公租公課等の支払い

相続財産の名義変更手続が完了

業務フロー G921 土地の名義変更手続

From G911 / To G911

1. 登記対象地の登記簿全部事項証明書の取得
2. 登記対象地の固定資産の評価証明書の取得
3. 登記原因証明情報・住所証明書（添付書類の整備）
4. 登記申請書の作成
5. 登録免許税の支払い
6. 登記識別情報の受取り
7. 相続登記後の登記簿謄本の取得

土地の名義変更手続が完了

業務フロー G931

家屋の名義変更手続

From G911
To G911

家屋の相続登記 — To G932

未登記家屋の所有者変更 — To G933

家屋の名義変更手続が完了

業務フロー G932 家屋の相続登記

From G931 / To G931

- 登記対象地の登記簿全部事項証明書の取得
- 登記対象地の固定資産の評価証明書の取得
- 登記原因証明情報・住所証明書（添付書類の整備）
- 登記申請書の作成
- 登録免許税の支払い
- 登記識別情報の受取り
- 相続登記後の登記簿謄本の取得

家屋の相続登記が完了

業務フロー G933 未登記家屋の所有者変更の手続

From G931 / To G931

```
未登記家屋の所在する市区町村で所有者変更手続を確認
          ↓
所有者変更に必要な書類の整備
          ↓
所有権保存登記の検討
          ↓
未登記家屋の所有者変更手続が完了
```

G 相続税の申告後の諸問題(2)－相続財産の名義変更手続　257

業務フロー　G 9 4 1　預貯金の名義変更手続

From G 9 1 1
To G 9 1 1

G(2)

- 預貯金の解約か名義変更かを相続人に確認
- 取引金融機関で相続手続を確認
- 金融機関所定の相続依頼書へ署名及び押印
- 添付書類の整備
- 添付書類の返却の有無を確認
- 相続手続に必要な書類の提出

預貯金の名義変更手続が完了

業務フロー　G951
有価証券の名義変更手続
From G911
To G911

```
┌─────────────────────────────────────┐
│ 取引金融機関や出資会社で相続手続を確認 │
└─────────────────────────────────────┘
                  ▼
┌─────────────────────────────────────┐
│   所定の相続依頼書への署名及び押印    │
└─────────────────────────────────────┘
                  ▼
┌─────────────────────────────────────┐
│           添付書類の整備             │
└─────────────────────────────────────┘
                  ▼
┌─────────────────────────────────────┐
│         有価証券の移管手続           │
└─────────────────────────────────────┘
                  ▼
┌─────────────────────────────────────┐
│   信託銀行にある特別口座株の移管手続  │
└─────────────────────────────────────┘
                  ▼
┌─────────────────────────────────────┐
│       未受領配当金の受領手続         │
└─────────────────────────────────────┘
                  ▼
```

有価証券の名義変更手続が完了

G　相続税の申告後の諸問題(2)−相続財産の名義変更手続　259

業務フロー　G961　その他財産の名義変更手続

From G911　To G911

```
┌─────────────────────────────────────┐
│  電気・ガス・水道・電話等の名義変更・解約手続  │
└─────────────────────────────────────┘
                    ▼
┌─────────────────────────────────────┐
│  役員の変更登記（相続開始後：2週間以内）      │
└─────────────────────────────────────┘
                    ▼
┌─────────────────────────────────────┐
│         自動車の名義変更手続              │
└─────────────────────────────────────┘
                    ▼
┌─────────────────────────────────────┐
│        賃貸借契約の名義変更手続           │
└─────────────────────────────────────┘
                    ▼
┌─────────────────────────────────────┐
│ 被相続人が保険契約者・受取人の名義変更・解約手続 │
└─────────────────────────────────────┘
                    ▼
┌─────────────────────────────────────┐
│ 各種会員証（ゴルフ会員権など）の名義変更・解約手続 │
└─────────────────────────────────────┘
                    ▼
```

その他財産の名義変更手続が完了

G(2)

業務フロー　G 9 7 1

借入金の名義変更手続

From G 9 1 1
To G 9 1 1

```
借入金の承継者が債権者から承諾が得られるか確認
          ↓
       必要書類の整備
          ↓
     抵当権等の名義変更手続     To G 9 8 1
          ↓
   借入金の名義変更手続が完了
```

業務フロー G981 抵当権の名義変更手続

From G911 / To G911

```
┌─────────────────────────────────────────┐
│  抵当となる不動産の名義変更手続が完了   │
└─────────────────────────────────────────┘
                   ▼
┌─────────────────────────────────────────┐
│      債務の名義変更手続が完了           │
└─────────────────────────────────────────┘
                   ▼
┌─────────────────────────────────────────┐
│        抵当権の債務者変更登記           │
└─────────────────────────────────────────┘
                   ▼
┌─────────────────────────────────────────┐
│ 抵当権の対象となる債務が返済されているか否かの確認 │
└─────────────────────────────────────────┘
                   ▼
┌─────────────────────────────────────────┐
│ 既に債務が返済されている場合には、抵当権抹消登記 │
└─────────────────────────────────────────┘
                   ▼
┌─────────────────────────────────────────┐
│      抵当権等の名義変更手続が完了       │
└─────────────────────────────────────────┘
```

H 贈与税の申告の手順

- H111 贈与税の申告の手順
- H211 贈与税の課税原因の確認
  - H221 形式的に贈与が成立しているか否かの確認
  - H231 実質的に贈与が成立しているか否かの判定1
  - H241 実質的に贈与が成立しているか否かの判定2
  - H251 贈与を受けたものとみなされる財産の判定
- H311 贈与による財産の取得時期の判定

贈与税の課税原因と取得時期の確認が完了

業務フロー H111

贈与税の申告の手順

- 贈与税の課税原因の確認 — To H211
- 贈与による財産の取得時期の判定 — To H311
- 贈与財産の評価の事前準備 — To I111
- 贈与税の申告形態の判定 — To J111
- 贈与税の申告書の提出の流れ — To K111
- 贈与税の納税の流れ — To K211

贈与税の申告が完了

業務フロー H211

贈与税の課税原因の確認

From: H111
To: H111

- 形式的に贈与が成立しているケース　To H221
- 実質的に贈与が成立しているケース　To H231 / H241
- 贈与を受けた財産とみなされる財産があるケース　To H251

贈与の課税原因の確認が完了

業務フロー H221 形式的に贈与が成立しているか否かの確認

From H211
To H211

↓

贈与契約書があるか確認

↓

無償で財産の名義人を変更しているか確認

↓

購入した財産の名義人が
実際の購入者であるか否かの確認

↓

形式的に贈与が成立しているかの否かの確認が完了

判定フロー H231 実質的に贈与が成立してるか否かの判定1

From H211 / To H211

```
財産の名義人となった受贈者は、
その名義人となっている事実を知っている
   │Yes                              No → 贈与が成立しない
   ▼
受贈者は、贈与を受けた財産の使用収益を享受
又は管理運用を行っている
   │Yes                              No → 贈与が成立しない
   ▼
当事者間の合意により
受贈者の名義を借用したものでない
   │Yes                              No → 贈与が成立しない
   ▼
贈与が成立している
```

判定フロー H241
実質的に贈与が成立してるか否かの判定2

From H211 / To H211

形式的には、金銭消費貸借契約であるが、返済の方法が「出世払い」や「ある時払いの催促なし」である

→ No: 贈与が成立していない

↓ Yes

贈与が成立している

判定フロー H251 贈与を受けたものとみなされる財産の判定

From H211 / To H211

- 委託者以外の人を受益者とする信託受益権がある → **Yes** → 贈与の事実に該当する
- ↓ No
- 保険料を負担した人以外が受け取った保険金がある（相続税課税される保険金を除く） → **Yes** → 贈与の事実に該当する
- ↓ No
- 掛金や保険金を負担した人以外の人が受け取ることとなった定期金の受給権がある → **Yes** → 贈与の事実に該当する
- ↓ No
- 著しく低い価額で財産を譲り受けたことによる利益がある → **Yes** → 贈与の事実に該当する
- ↓ No
- 債務の免除や引受け等を受けたことによる利益がある → **Yes** → 贈与の事実に該当する
- ↓ No
- 上記以外で特定の個人から経済的な利益を享受している事実が認められる → **Yes** → 贈与の事実に該当する
- ↓ No
- 贈与の事実に該当しない

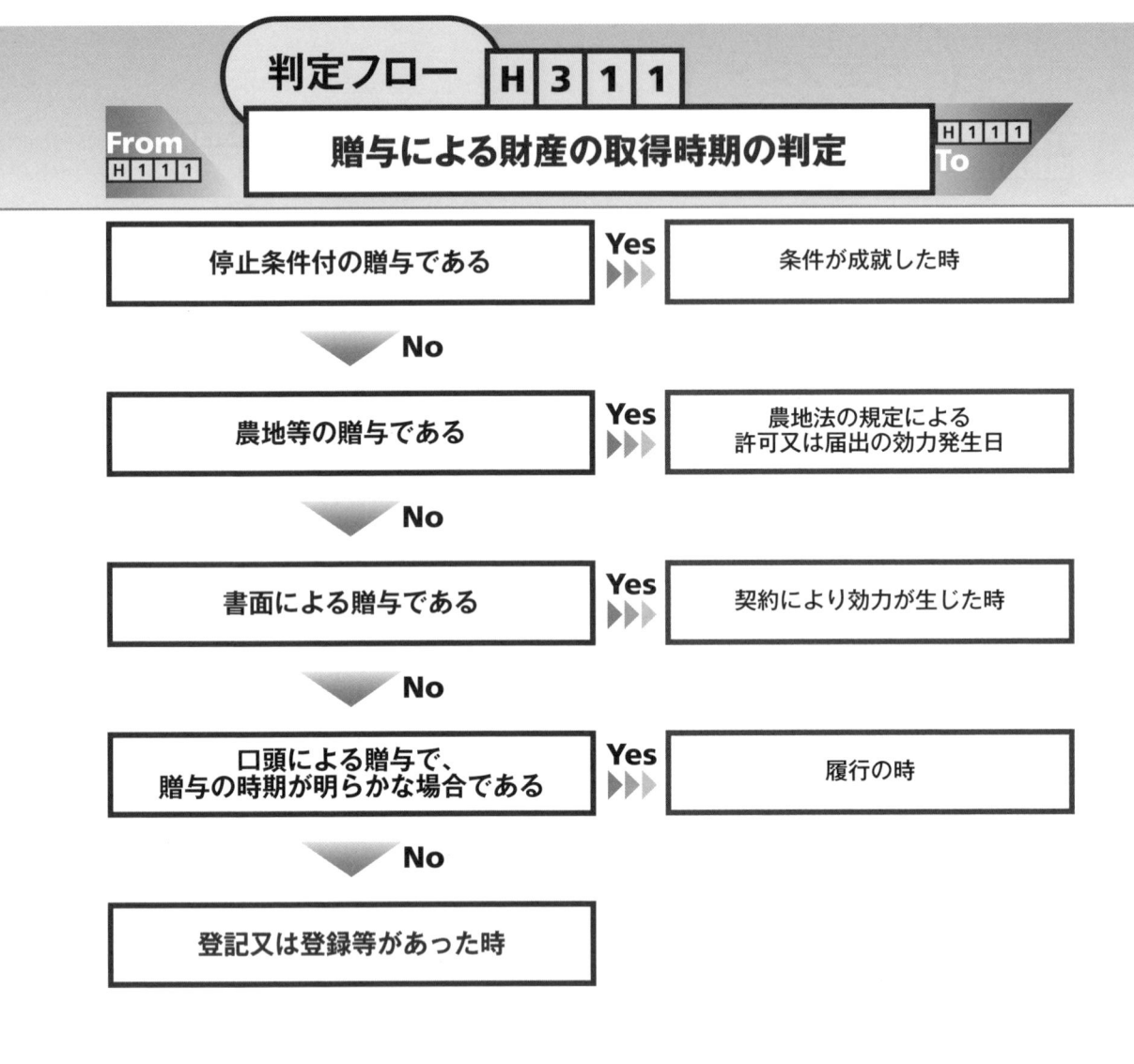

判定フロー H311 贈与による財産の取得時期の判定

From H111 / To H111

- 停止条件付の贈与である → **Yes** → 条件が成就した時
- ↓ **No**
- 農地等の贈与である → **Yes** → 農地法の規定による許可又は届出の効力発生日
- ↓ **No**
- 書面による贈与である → **Yes** → 契約により効力が生じた時
- ↓ **No**
- 口頭による贈与で、贈与の時期が明らかな場合である → **Yes** → 履行の時
- ↓ **No**
- 登記又は登録等があった時

Ⅰ 贈与財産の評価

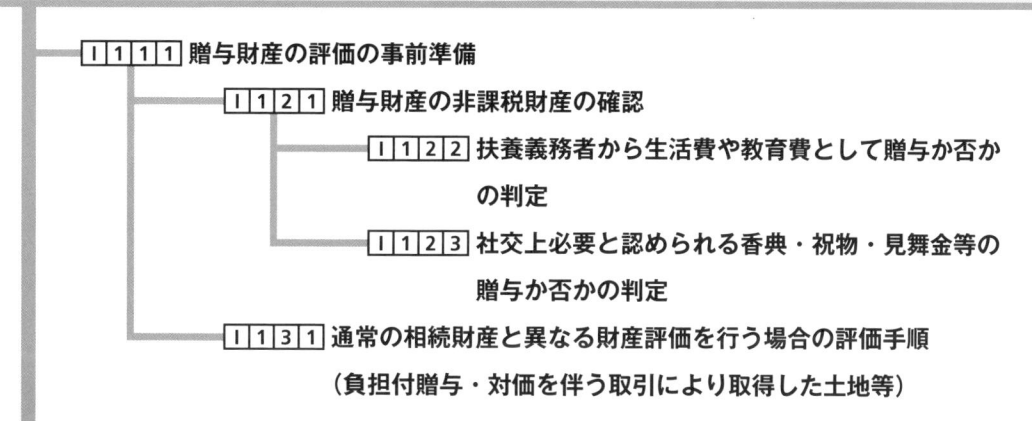

- 1111 贈与財産の評価の事前準備
  - 1121 贈与財産の非課税財産の確認
    - 1122 扶養義務者から生活費や教育費として贈与か否かの判定
    - 1123 社交上必要と認められる香典・祝物・見舞金等の贈与か否かの判定
  - 1131 通常の相続財産と異なる財産評価を行う場合の評価手順
    （負担付贈与・対価を伴う取引により取得した土地等）

贈与財産の評価の事前準備が完了

業務フロー I 1 1 1

贈与財産の評価の事前準備

From H 1 1 1 / To H 1 1 1

贈与税の非課税財産に該当するのか否か確認 → To I 1 2 1

↓

相続財産と異なる評価を行うのか否か確認 → To I 1 3 1

↓

財産評価の方法の確認 → To C ---- （Cの項目へ）

↓

贈与財産の評価の事前準備が完了

I 贈与財産の評価　273

業務フロー I 1 2 1

贈与財産の非課税財産の確認

From I 1 1 1

- 法人から贈与を受けた財産 → 所得税課税
- 扶養義務者からの生活費や教育費として贈与を受けた財産 → To I 1 2 2
- 公共用事業用財産の財産の贈与
- 一定の特定公益信託から交付を受ける金品の贈与
- 心身障害者共済制度に基づく信託受益権の贈与
- 公職選挙の候補者が贈与により取得した財産
- 特別障害者扶養信託契約に基づく信託受益権の贈与
- 社交上必要と認めれる香典・祝物・見舞金等の贈与 → To I 1 2 3
- 相続開始の年に被相続人から贈与を受けた財産 → 相続税課税

贈与税の非課税財産の確認が完了

判定フロー 1122 扶養義務者から生活費や教育費として贈与か否かの判定

From 1121
To 1121

```
┌─────────────────────────────────────┐
│ 扶養義務者からの贈与である            │ ──No──┐
└─────────────────────────────────────┘        │
               │ Yes                            │
               ▼                                │
┌─────────────────────────────────────┐        │
│ 贈与を受けた財産は生活費や教育費として必要である │ ──No──┤
└─────────────────────────────────────┘        │
               │ Yes                            │  贈与税の課
               ▼                                │  税財産に該
┌─────────────────────────────────────┐        │  当する
│ 贈与を受けた財産をすべて生活費や教育費に充てている 注1 │ ──No──┤
└─────────────────────────────────────┘        │
               │ Yes                            │
               ▼                                │
┌─────────────────────────────────────┐        │
│ 贈与を受けた財産の価額は、通常必要と認めれる範囲内である │ ──No──┘
└─────────────────────────────────────┘
               │ Yes
               ▼
┌─────────────────────────────────────┐
│ 贈与税の非課税財産に該当する          │
└─────────────────────────────────────┘
```

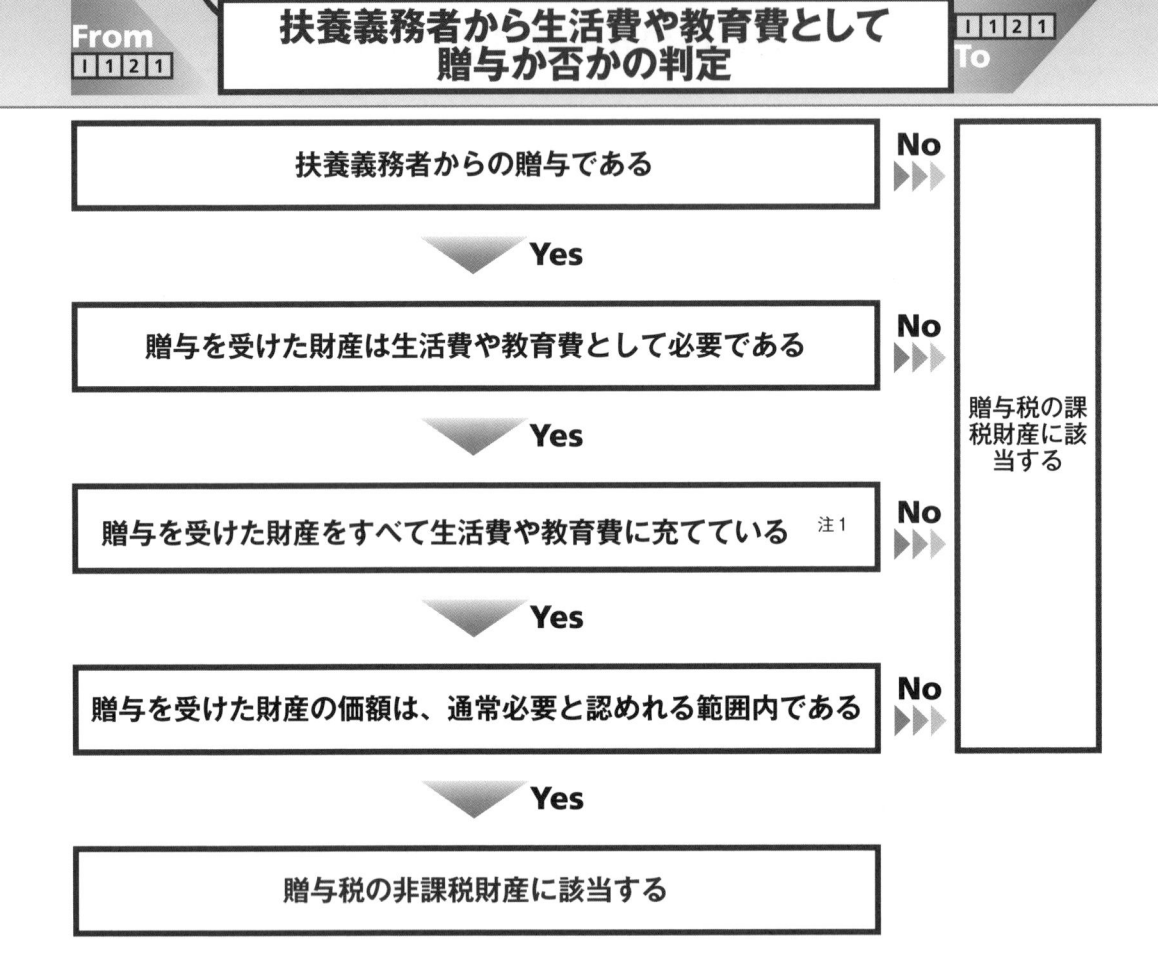

注1　平成25年税制改正により30歳未満の受贈者の教育資金に充てるためにその直系尊属が金融機関等を通じて贈与した場合には、1,500万円まで非課税となります。
　　（適用期間平成25年4月1日から平成27年12月31日までの3年間）

判定フロー I 1 2 3

社交上必要と認められる香典・祝物・見舞金等の贈与か否かの判定

From: I 1 2 1
To: I 1 2 1

- 社交上必要なものの贈与である
  - No → 贈与税の課税財産に該当する
  - Yes ↓
- 社会通念上相当と認められる範囲内である
  - No → 贈与税の課税財産に該当する
  - Yes ↓
- 贈与税の非課税財産に該当する

業務フロー 1131
通常の相続財産と異なる財産評価を行う場合の評価手順（負担付贈与・対価を伴う取引により取得した土地等）

From 1111 / To 1111

- 取得財産の取得時の通常の取引価額に相当する金額の計算
- 取得財産を取得価額で評価することができるか否か確認
- 負担額又は対価の確認

通常の相続財産と異なる財産評価行う場合の評価額の計算が完了

J 贈与税の申告形態と申告書の作成

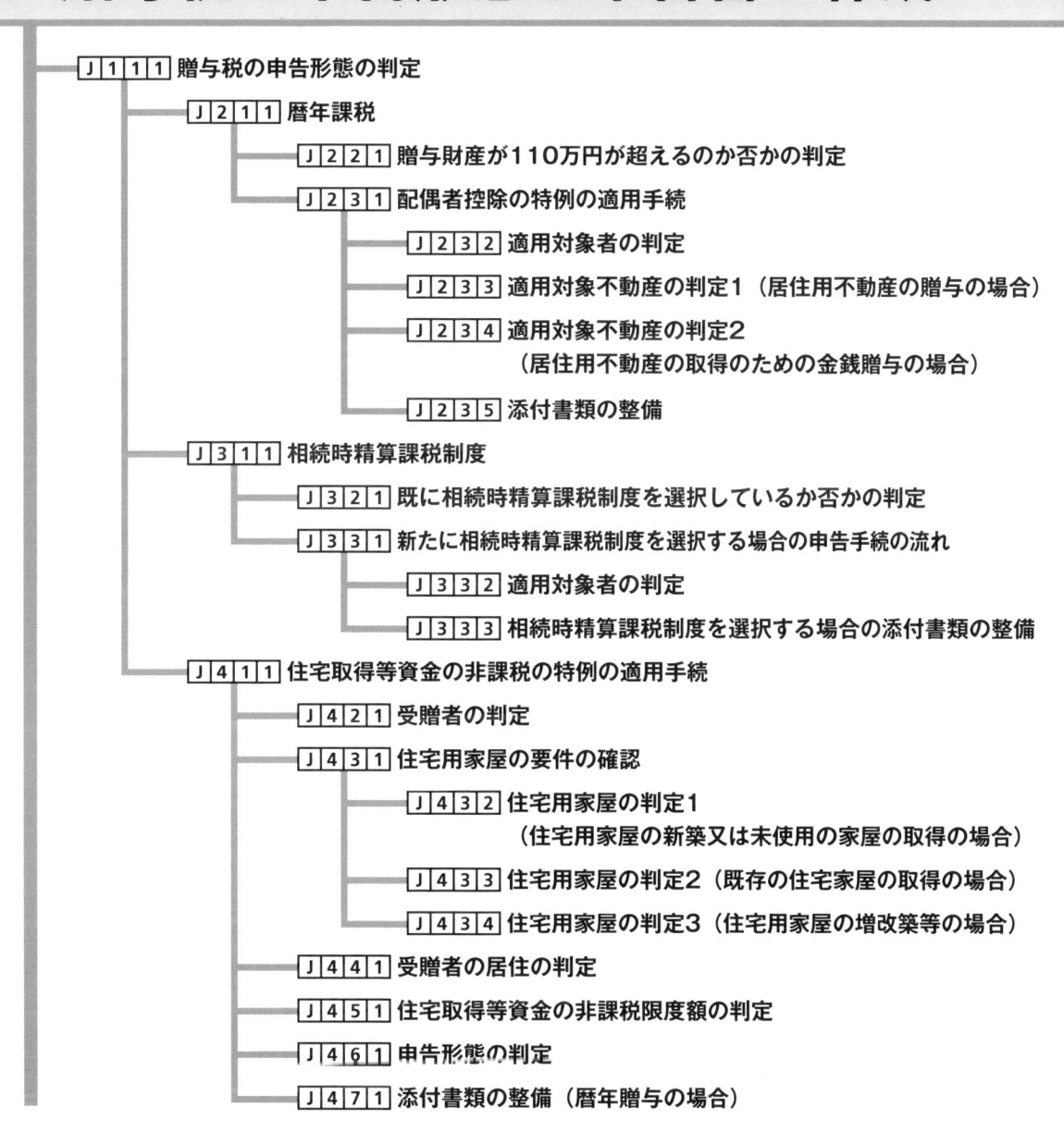

- J111 贈与税の申告形態の判定
  - J211 暦年課税
    - J221 贈与財産が110万円が超えるのか否かの判定
    - J231 配偶者控除の特例の適用手続
      - J232 適用対象者の判定
      - J233 適用対象不動産の判定1（居住用不動産の贈与の場合）
      - J234 適用対象不動産の判定2（居住用不動産の取得のための金銭贈与の場合）
      - J235 添付書類の整備
  - J311 相続時精算課税制度
    - J321 既に相続時精算課税制度を選択しているか否かの判定
    - J331 新たに相続時精算課税制度を選択する場合の申告手続の流れ
      - J332 適用対象者の判定
      - J333 相続時精算課税制度を選択する場合の添付書類の整備
  - J411 住宅取得等資金の非課税の特例の適用手続
    - J421 受贈者の判定
    - J431 住宅用家屋の要件の確認
      - J432 住宅用家屋の判定1（住宅用家屋の新築又は未使用の家屋の取得の場合）
      - J433 住宅用家屋の判定2（既存の住宅家屋の取得の場合）
      - J434 住宅用家屋の判定3（住宅用家屋の増改築等の場合）
    - J441 受贈者の居住の判定
    - J451 住宅取得等資金の非課税限度額の判定
    - J461 申告形態の判定
    - J471 添付書類の整備（暦年贈与の場合）

贈与税の申告形態の判定が完了

業務フロー J111 贈与税の申告形態の判定

From H111 / To H111

- 暦年課税 → To J211
- 相続時精算課税制度 → To J311

贈与税の申告形態の判定が完了

J　贈与税の申告形態と申告書の作成　279

業務フロー　J 2 1 1

暦年課税

From: J 1 1 1
To: J 1 1 1

```
贈与財産が110万円を超える    → To J 2 2 1
           ↓
配偶者控除の特例の適用        → To J 2 3 1
           ↓
住宅取得等資金の非課税の特例の適用 → To J 4 1 1
           ↓
   暦年課税で申告義務あり
```

判定フロー　J221
贈与財産が110万円を超えるか否かの判定

From J211　　To J211

- 1人から1年間に贈与を受けた財産が110万円超である → **Yes** → 贈与税の申告義務あり
- No ↓
- 1年間に2以上の人から贈与を受けた財産が110万円超である → **Yes** → 贈与税の申告義務あり
- No ↓
- 贈与税の申告義務なし

業務フロー J231 配偶者控除の特例の適用手続

From J211 → To J211

1. 適用対象者の判定 — To J232
2. 適用対象不動産等の判定 — To J233 / J234
3. 配偶者控除の特例控除額の確認（控除限度額：2,000万円）
4. 添付書類の整備 — To J235

配偶者控除の特例の適用手続が完了

判定フロー　J232　適用対象者の判定

From J231 / To J231

- 贈与者は、受贈者の配偶者である → No → 適用対象者に該当しない
- ↓ Yes
- 婚姻の届出をした日から贈与を受けた日までの期間が20年以上である → No → 適用対象者に該当しない
- ↓ Yes
- この特例の適用するのは初めてである（初めてでない場合でも、前回と贈与者が異なる） → No → 適用対象者に該当しない
- ↓ Yes
- 適用対象者に該当する

判定フロー　J 2 3 3
適用対象不動産の判定1
（居住用不動産の贈与の場合）

From J 2 3 1
To J 2 3 1

- 贈与を受けた財産は、土地等又は家屋（以下「不動産」という）である → **No** → 適用対象不動産に該当しない
- ↓ **Yes**
- 贈与を受けた不動産は国内に所在している → **No** → 適用対象不動産に該当しない
- ↓ **Yes**
- 贈与を受けた不動産に現在居住している（又は贈与税の申告期限までに居住する見込みか？） → **No** → 適用対象不動産に該当しない
- ↓ **Yes**
- 贈与を受けた不動産に今後も居住する予定である → **No** → 適用対象不動産に該当しない
- ↓ **Yes**
- 適用対象不動産に該当する

判定フロー J234
適用対象不動産の判定2
（居住用不動産の取得のための金銭贈与の場合）

From J231 → To J231

```
┌─────────────────────────────────────────┐
│ 贈与を受けた財産は、金銭である              │──No──┐
└─────────────────────────────────────────┘      │
              ↓ Yes                              │
┌─────────────────────────────────────────┐      │
│ 贈与を受けた金銭を贈与税の申告期限までに    │──No──┤
│ 国内にある居住用の不動産に充てる予定である   │      │
└─────────────────────────────────────────┘      │
              ↓ Yes                              │ 適用対象
┌─────────────────────────────────────────┐      │ 不動産に
│ 贈与を受けた金銭で購入した不動産に現在居住している │──No──┤ 該当しない
│ （又は贈与税の申告期限までに居住する見込みか？）│      │
└─────────────────────────────────────────┘      │
              ↓ Yes                              │
┌─────────────────────────────────────────┐      │
│ 贈与を受けた金銭で購入した不動産に           │──No──┘
│ 今後も居住する予定である                    │
└─────────────────────────────────────────┘
              ↓ Yes
┌─────────────────────────────────────────┐
│ 適用対象不動産に該当する                    │
└─────────────────────────────────────────┘
```

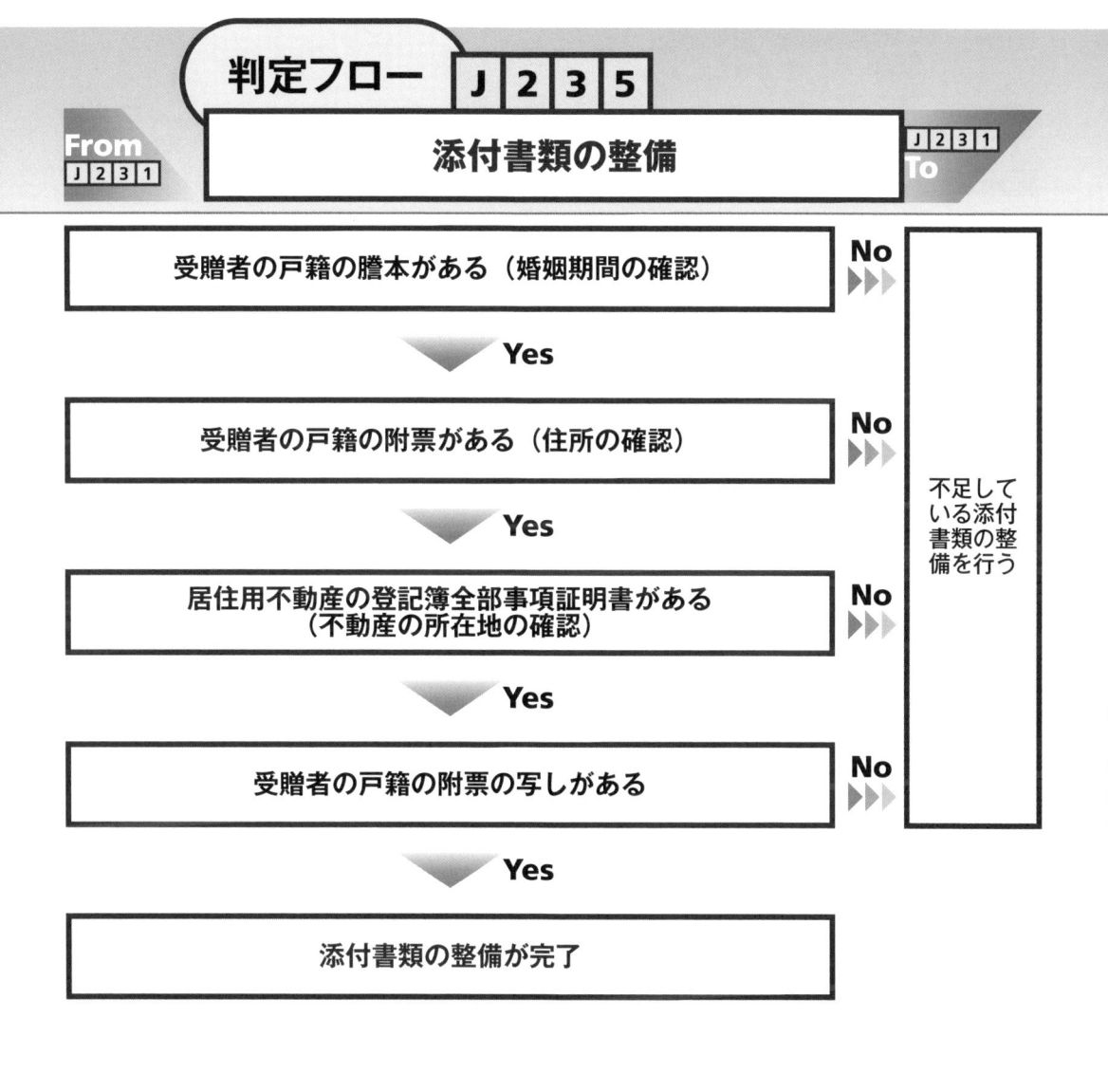

判定フロー J235 添付書類の整備

From J231 → To J231

- 受贈者の戸籍の謄本がある（婚姻期間の確認） — No → 不足している添付書類の整備を行う
- ↓ Yes
- 受贈者の戸籍の附票がある（住所の確認） — No → 不足している添付書類の整備を行う
- ↓ Yes
- 居住用不動産の登記簿全部事項証明書がある（不動産の所在地の確認） — No → 不足している添付書類の整備を行う
- ↓ Yes
- 受贈者の戸籍の附票の写しがある — No → 不足している添付書類の整備を行う
- ↓ Yes
- 添付書類の整備が完了

業務フロー J311

相続時精算課税制度

From: J111
To: J111

- 既に相続時精算課税制度を選択している場合 → To J321
- 相続時精算課税制度を新たに選択する場合 → To J331
- 住宅取得等資金の非課税の特例の適用 → To J411
- 特別控除額の確認

相続時精算課税制度を適用する申告手続

判定フロー J321 既に相続時精算課税制度を選択しているのか否かの判定

From J311 / To J311

- 相続時精算課税選択届出書を確認した → **No** → 相続時精算課税制度を適用しない
- ↓ Yes
- 特定贈与者からの贈与に該当する → **No** → 相続時精算課税制度を適用しない
- ↓ Yes
- 相続時精算課税制度を適用する贈与に該当する

業務フロー J331 新たに相続時精算課税制度を選択する場合の申告手続の流れ

From J311 / To J311

- 適用対象者の判定 → To J332
- 添付書類の整備（贈与を受けた日以後に作成されたものに限る） → To J333
- 贈与税の申告書の作成
- 相続時精算課税選択届出書の作成
- 申告書及び届出書並びに添付書類を所轄税務署に贈与税の申告期限までに提出

新たに相続時精算課税制度を選択する場合の申告手続が完了（翌年以降は届出書・添付書類の提出は不要）

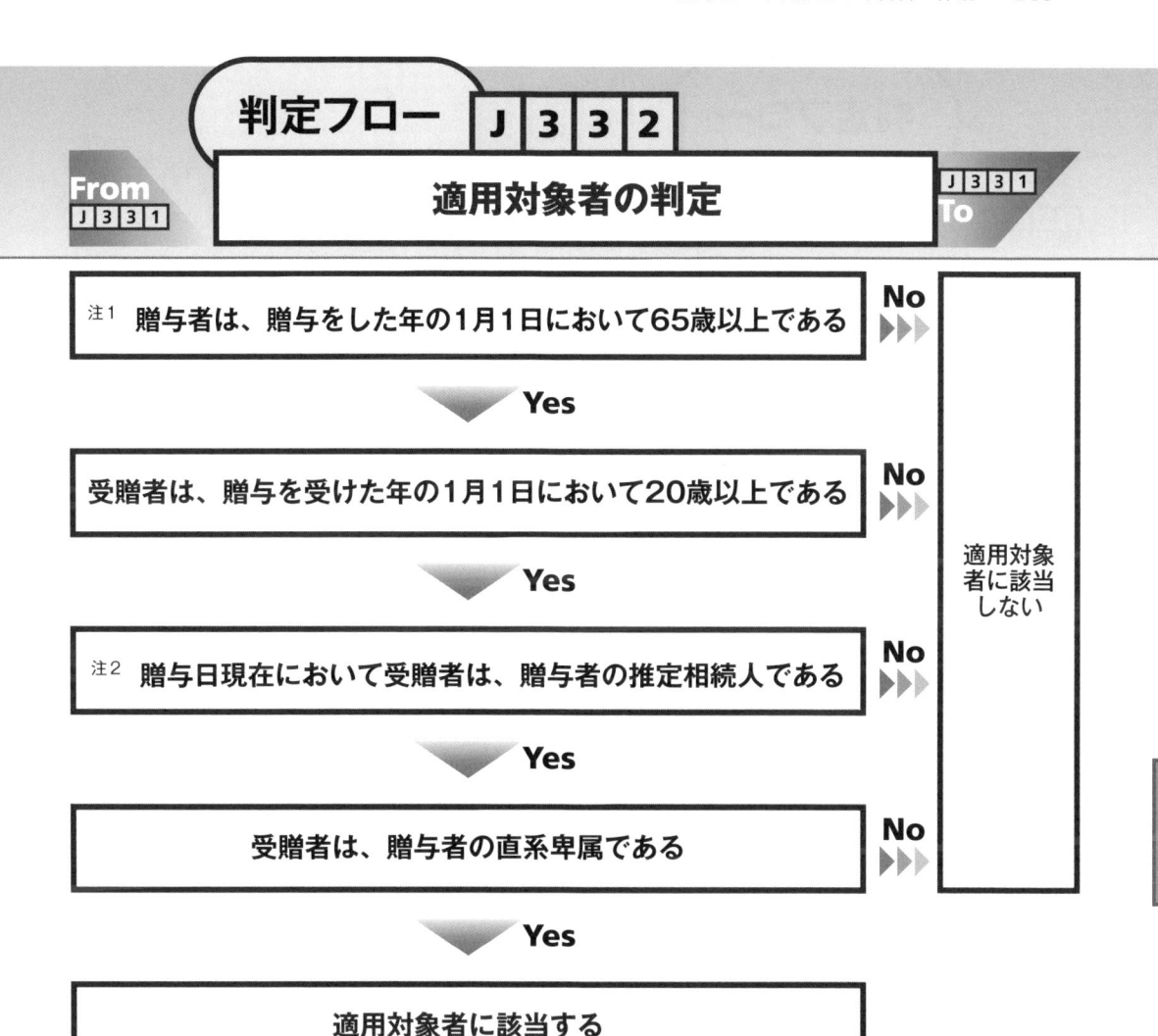

J 贈与税の申告形態と申告書の作成　289

判定フロー J332　適用対象者の判定

From J331 → To J331

- 注1　贈与者は、贈与をした年の1月1日において65歳以上である → No：適用対象者に該当しない
- ↓ Yes
- 受贈者は、贈与を受けた年の1月1日において20歳以上である → No：適用対象者に該当しない
- ↓ Yes
- 注2　贈与日現在において受贈者は、贈与者の推定相続人である → No：適用対象者に該当しない
- ↓ Yes
- 受贈者は、贈与者の直系卑属である → No：適用対象者に該当しない
- ↓ Yes
- 適用対象者に該当する

注1　平成25年税制改により平成27年1月1日より60歳以下に引き下げとなります。
注2　平成25年税制改により平成27年1月1日より贈与者の孫も対象となります。

判定フロー J333

相続時精算課税制度を選択する場合の添付書類の整備

From J331 → To J331

```
受贈者の戸籍の謄本がある
（受贈者の生年月日・推定相続人の確認）
    │Yes                          No → 不足している添付書類の整備を行う
    ▼
受贈者の戸籍の附票がある
    │Yes                          No → 不足している添付書類の整備を行う
    ▼
贈与者の住民票の写しがある
    │Yes                          No → 不足している添付書類の整備を行う
    ▼
贈与者の戸籍の附票の写しがある
（贈与者の生年月日の確認）
    │Yes                          No → 不足している添付書類の整備を行う
    ▼
相続時精算課税制度を選択する場合の添付書類の整備が完了
```

J 贈与税の申告形態と申告書の作成　291

業務フロー J411
住宅取得等資金の非課税の特例の適用手続

From: J211 / J311
To: J211 / J311

- 受贈者の判定　→ To J421
- 住宅用家屋の要件の確認　→ To J431
- 受贈者の居住の判定　→ To J441
- 住宅取得等資金の非課税限度額の判定　→ To J451
- 申告形態の判定　→ To J461
- 添付書類の整備　→ To J471
- 申告書及び添付書類を所轄税務署に贈与税の申告期限までに提出

住宅取得等資金の非課税の特例の適用手続が完了

注　適用期間：平成24年1月1日から平成26年12月31日

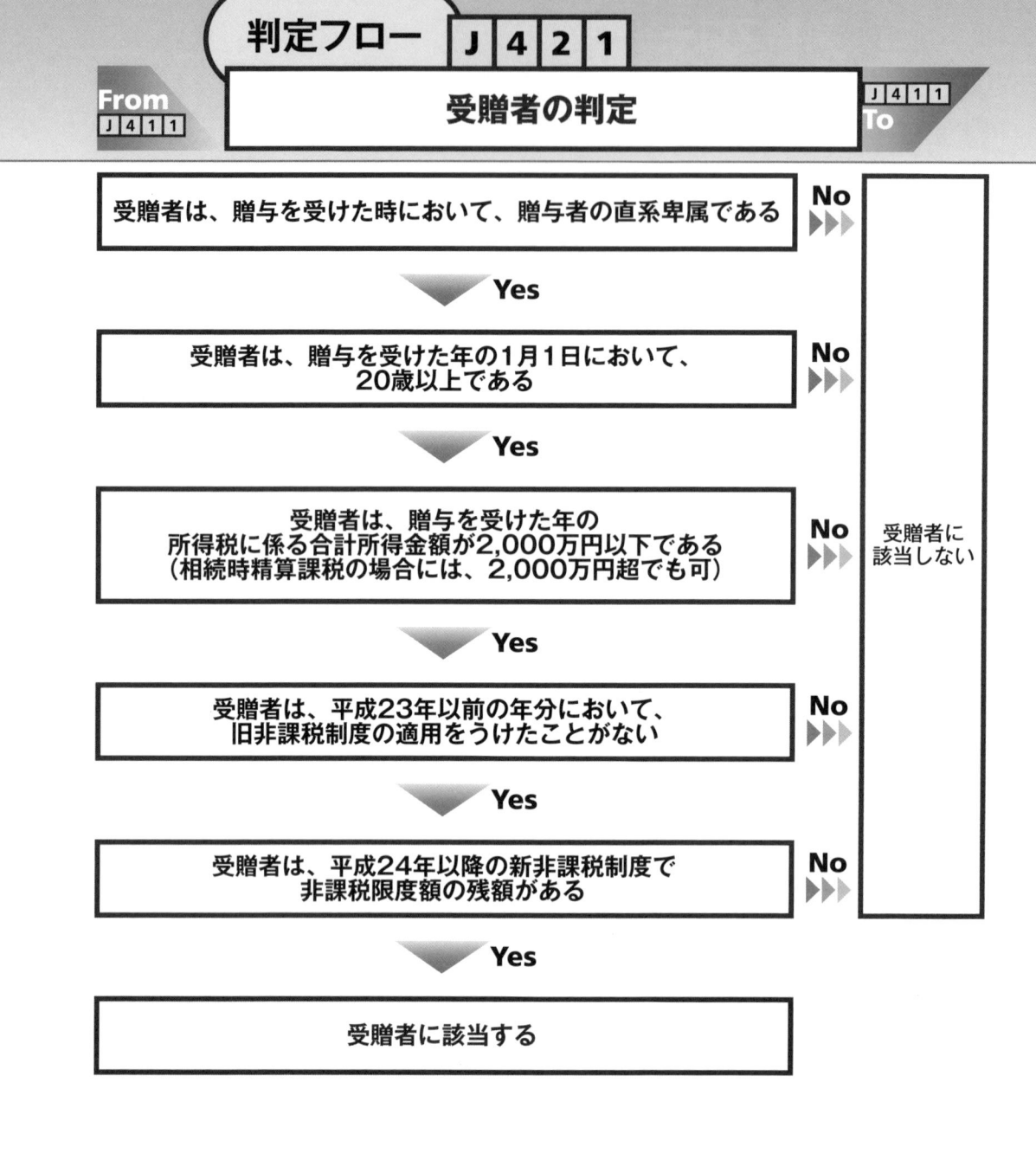

判定フロー J421 受贈者の判定

From J411 → **To** J411

受贈者は、贈与を受けた時において、贈与者の直系卑属である
- No ▶▶▶ 受贈者に該当しない
- Yes ↓

受贈者は、贈与を受けた年の1月1日において、20歳以上である
- No ▶▶▶ 受贈者に該当しない
- Yes ↓

受贈者は、贈与を受けた年の所得税に係る合計所得金額が2,000万円以下である（相続時精算課税の場合には、2,000万円超でも可）
- No ▶▶▶ 受贈者に該当しない
- Yes ↓

受贈者は、平成23年以前の年分において、旧非課税制度の適用をうけたことがない
- No ▶▶▶ 受贈者に該当しない
- Yes ↓

受贈者は、平成24年以降の新非課税制度で非課税限度額の残額がある
- No ▶▶▶ 受贈者に該当しない
- Yes ↓

受贈者に該当する

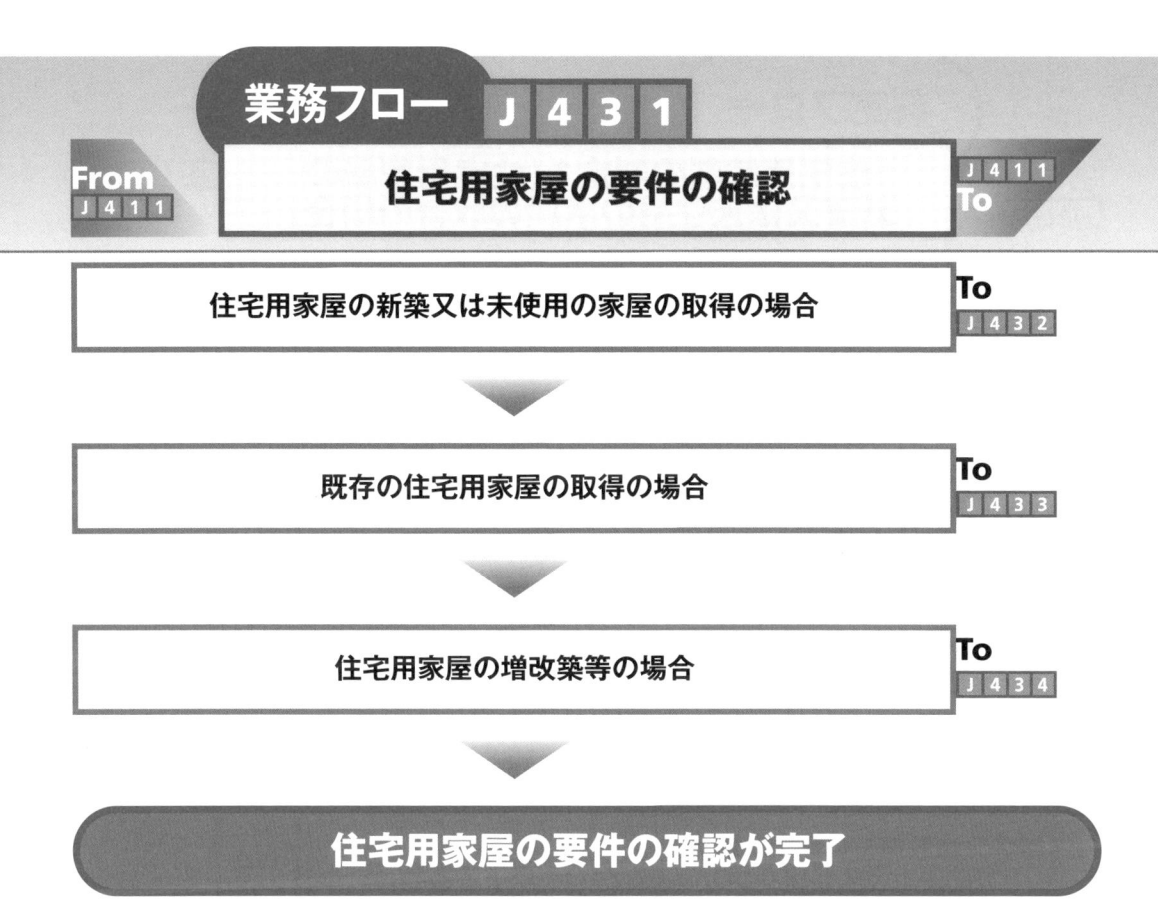

業務フロー J431 住宅用家屋の要件の確認

From: J411
To: J411

- 住宅用家屋の新築又は未使用の家屋の取得の場合 → To J432
- 既存の住宅用家屋の取得の場合 → To J433
- 住宅用家屋の増改築等の場合 → To J434

住宅用家屋の要件の確認が完了

判定フロー　J432

住宅用家屋の判定1（住宅用家屋の新築又は未使用の家屋の取得の場合）

From: J431
To: J431

住宅用家屋の新築の場合の工事の請負先、取得の場合の購入先が、受贈者の配偶者・親族ではない
- No → 住宅用家屋に該当しない
- Yes ↓

贈与を受けた年の翌年3月15日までに居住の用に供する住宅用家屋を新築し又は取得している
- No → 住宅用家屋に該当しない
- Yes ↓

贈与を受けた金銭の全額をその住宅用家屋の対価又は工事費用に充てている
- No → 住宅用家屋に該当しない
- Yes ↓

新築又は取得をした住宅用家屋は、日本国内に所在し、登記簿上の床面積が50㎡以上240㎡以下である（相続時精算課税の場合には、240㎡超でも可）
- No → 住宅用家屋に該当しない
- Yes ↓

新築又は取得をした住宅用家屋は、床面積の2分の1以上に相当する部分が受贈者の居住の用に供されるものである
- No → 住宅用家屋に該当しない
- Yes ↓

住宅用家屋に該当する

判定フロー J433 住宅用家屋の判定2（既存の住宅用家屋の取得の場合）

From J431　　　To J431

- J321 住宅用家屋の判定1の要件を満たしている
  - No → 住宅用家屋に該当しない
  - Yes ↓
- 住宅用家屋の建築後25年以内である
  - No → （同上）
  - Yes ↓
- 住宅用家屋は、耐火建築物又は建築後20年以内である
  - No → （同上）
  - Yes ↓
- 住宅用家屋に該当する

※ 住宅用家屋に該当しない。ただし、耐震基準適合証明書又は住宅性能評価書の写しがある場合には、住宅用家屋に該当する

判定フロー　J434
住宅用家屋の判定3
（住宅用家屋の増改築等の場合）

From: J431
To: J431

- 住宅用家屋の増改築等工事の請負先が受贈者の配偶者・親族ではない
  - No → 住宅用家屋に該当しない
  - Yes ↓
- 贈与を受けた年の翌年3月15日までに居住の用に供する住宅用家屋の増改築等である
  - No → 住宅用家屋に該当しない
  - Yes ↓
- 贈与を受けた金銭の全額が住宅用家屋の増改築等の対価又は工事費用に充てられている
  - No → 住宅用家屋に該当しない
  - Yes ↓
- 贈与を受けた年の翌年3月15日までに住宅用家屋の増改築等の工事が完了している
  - No → 住宅用家屋に該当しない
  - Yes ↓
- 増改築等をした住宅用家屋は、日本国内に所在し、増改築等後の登記簿上の床面積が50㎡以上240㎡以下である（相続時精算課税の場合には、240㎡超でも可）
  - No → 住宅用家屋に該当しない
  - Yes ↓
- 増改築等後の住宅用家屋は、床面積の2分の1以上に相当する部分が受贈者の居住の用に供されるものである
  - No → 住宅用家屋に該当しない
  - Yes ↓
- 増改築等の工事は、受贈者が所有し居住している家屋に対して行ったもので、一定の工事証明書がある
  - No → 住宅用家屋に該当しない
  - Yes ↓
- 増改築等の工事費用が100万円以上である
  - No → 住宅用家屋に該当しない
  - Yes ↓
- 増改築等に係る工事費用の2分の1以上が居住用部分の工事に充てられている
  - No → 住宅用家屋に該当しない
  - Yes ↓
- **住宅用家屋に該当する**

判定フロー　J441　受贈者の居住の判定

From J411 / To J411

- 受贈者は、贈与を受けた時の住所は、日本国内である（日本国内に住所がない場合でも一定の要件をみたす場合）
  - No → 受贈者の居住に該当しない
  - Yes ↓
- 既に新築又は取得とした住宅用家屋に居住している（贈与を受けた年の12月31日までに居住見込み）
  - No → 受贈者の居住に該当しない
  - Yes ↓
- 受贈者の居住に該当する

判定フロー J451 住宅取得等資金の非課税限度額の判定

From J411 → To J411

省エネ等住宅に該当する

- No → 非課税限度額
  - 平成25年 700万円
  - 平成26年 500万円

  （既に適用した非課税限度額がある場合には、その金額を控除）

- Yes → 非課税限度額 平成25年 1,200万円 平成26年 1,000万円

  （既に適用した非課税限度額がある場合には、その金額を控除）

判定フロー J461 申告形態の判定

From J411 / To J411

- 相続時精算課税の特定贈与者からの贈与ではない
  - No ▶▶▶ 相続時精算課税のみ
  - Yes ↓
- 暦年贈与と相続時精算課税が選択できる

- 贈与を受けた時に贈与者の推定相続人である
  - No ▶▶▶ 暦年贈与のみ
  - Yes ↓
- 暦年贈与と相続時精算課税が選択できる

- 贈与を受けた年の合計所得金額が2,000万円以下である
  - No ▶▶▶ 相続時精算課税のみ
  - Yes ↓
- 暦年贈与と相続時精算課税が選択できる

- 住宅用家屋の登記簿上の床面積が240㎡以下である
  - No ▶▶▶ 相続時精算課税のみ
  - Yes ↓
- 暦年贈与と相続時精算課税が選択できる

判定フロー J471 添付書類の整備（暦年贈与の場合）

From J411 / To J411

- 受贈者の戸籍謄本がある（受贈者の生年月日・直系尊属の確認） — No → 不足している添付書類の整備を行う
- ↓ Yes
- 贈与年分の合計所得金額を証明する書類がある（合計所得金額の確認） — No → 不足している添付書類の整備を行う
- ↓ Yes
- 売買契約書や工事請負契約書がある — No → 不足している添付書類の整備を行う
- ↓ Yes
- 登記簿全部事項証明書がある — No → 不足している添付書類の整備を行う
- ↓ Yes
- 受贈者の住民票の写しがある — No → 不足している添付書類の整備を行う
- ↓ Yes
- その他一定の要件に該当する場合には、一定の証明書がある — No → 不足している添付書類の整備を行う
- ↓ Yes
- 添付書類の整備が完了

K 贈与税の申告と納付

- K111 贈与税の申告書の提出の流れ
- K211 贈与税の納税の流れ

贈与税の申告と納付業務が完了

業務フロー K111 贈与税の申告書の提出の流れ

From H111
To H111

申告書の提出期間の確認

↓

申告書の提出先の確認

↓

提出する申告書の確認

↓

税務署に申告書を提出して完了

業務フロー K 2 1 1

贈与税の納税の流れ

From H 1 1 1 / To H 1 1 1

- 農地等の納税猶予の特例の確認
- 非上場株式等の納税猶予の特例の確認
- 贈与税を金銭一時納付できるか確認
- 金銭一時納付が困難な場合には、延納の要件の確認

贈与税の納税等をして完了

【おわりに】

「僕の前に道はない／僕の後ろに道は出来る」(「道程」)と書いた高村光太郎ではありませんが、本書の試みは類書の前例がないだけに、正に「道のない所に道を作る」ような所があり、通常の専門書を執筆する場合とは、かなり勝手が違いました。版元より、基本的に「用語解説は不要である」という（通常の専門書ではまず考えられないような）大胆な省略方針を課され、さらに天野代表より「相続専門の税理士法人であるレガシィにしか書けないものを」というミッションを与えられて、関係者の間で何度も打ち合わせを行い、試行錯誤しながら、全体のイメージを固めていきました。職務の性格上、つい細部にこだわりがちな我々専門職のメンバーにとって、フローチャートとして形にするための体系化や抽象化の作業は決して楽なものではなかったと思いますが、こうして何とか形としてまとまった今は、各々のメンバーが持てる力を存分に発揮して、最善のものを作ってくれたと考えています。

もちろん、本書は税務の分野において、日本で最初の試みとも言って良い〈試作品〉の側面があるため、恐らく完璧とは言い難い部分も多分に存在しているであろうことは承知しています。例えば、自社株式の納税猶予制度については実務で手掛ける頻度が極めて少ないことから、敢えて本書の対象からはずしています。また、実務的には条文や通達には書いていないような現場を知る者ならではのノウハウなどもない訳ではありませんが、今回はそこまで踏み込んで触れてはおりません。ただ、それでも、平成27年からの相続税の増税を間近に控えたこの時期に、こうした本が世に出ることによって、不慣れな人でも取りあえず歩くことが出来る「道が出来た」ことには、大きな意味があるのではないか、と考えています。

今回、本書によって我々に課せられたミッションがどこまで達せられたかは分かりませんが、相続に関して馴染みが薄い税理士の方が本書を手に取り、少しでも実務に役立てて頂ければ、これ以上の歓びはありません。

執筆者を代表して

税理士法人レガシィ　パートナー・代表社員税理士　田川　嘉朗

【法人紹介】

税理士法人レガシィ

〒100-6806　東京都千代田区大手町1-3-1　JAビル

電話　03-3214-1717　FAX　03-3214-3131

1964年創業。先人の思い（レガシィ）を受け継いで50年。おかげさまで相続税申告等件数日本一。平成22年 308件、平成23年 371件。平成24年 407件。累計3,242件（平成25年4月末）。ノウハウと対応の良さで紹介者から絶大な支持を得ています。技術の証としては相続税還付の実績は315件84億5,000万円（平均還付額2,680万円）。申告した還付成功率88％であります。

総スタッフ数155名。有資格者人数。公認会計士　3名　税理士　21名　税理士科目合格者 21名（内5科目合格者5名）　契約税理士 51名　宅地建物取引主任者　7名

〈2012年11月1日現在〉

【執筆者一覧】

総合リーダー：田川　嘉朗（パートナー・代表社員税理士）
リ ー ダ ー：大山　広見（パートナー・社員税理士）
リ ー ダ ー：岡崎　孝行（プリンスパル・社員税理士）
執　筆　者：入江　康二［E・G（1）］
　　　　　　小川　幸雄［G（2）・H・I・J・K］
　　　　　　小野　修　［C（1）（2）（3）］
　　　　　　北川　聡司［C（4）（5）（6）］
　　　　　　武井　博之［D］
　　　　　　天満　亮　［A・B・F］
　　　　　　（以上、五十音順）

```
本書の内容に関するご質問は，なるべくファクシミリ等，文書で編集部
宛にお願いいたします。(fax 03-3233-0502)
  なお，個別のご相談は受け付けておりません。
--------------------------------------------------------------
本書刊行後に追加・修正事項がある場合は，随時，当社ホームページ
(http://www.zeiken.co.jp 「書籍」をクリック)にてお知らせいたします。
  ──▶ 税務研究会　書籍訂正　と検索してください。
```

フローチャートだけでチェックする！
相続税と贈与税の実務手順

平成25年8月20日　第1刷印刷　　　　　　　　　　　　　（著者承認検印省略）
平成25年8月30日　第1刷発行

　Ⓒ編　　者　　税 理 士 法 人 レ ガ シ ィ
　　発行所　　税 務 研 究 会 出 版 局
　　　　　　　週刊「税務通信」発行所
　　　　　　　　　　「経営財務」
　　代表者　藤　原　紘　一
　　郵便番号　101－0065
　　東京都千代田区西神田1－1－3（税研ビル）
　　振替　00160－3－76223
　　電話〔書籍編集〕　03(3294)4831〜2
　　　　〔書店専用〕　03(3294)4803
　　　　〔書籍注文〕　03(3294)4741
　　　　〈お客さまサービスセンター〉

各事業所　電話番号一覧

北海道	011(221)8348	神奈川	045(263)2822	中 国	082(243)3720
東 北	022(222)3858	中 部	052(261)0381	九 州	092(721)0644
関 信	048(647)5544	関 西	06(6943)2251	研修センター	03(3264)6107

乱丁・落丁の場合は，お取替え致します。　　　印刷・製本　奥村印刷㈱
ISBN978-4-7931-2037-4